Gabriele Schneider
Kartenlegen mit Skatkarten

Gabriele Schneider

Kartenlegen mit Skatkarten

Lehr- und Arbeitsbuch

CORONA

HAMBURG

Die Deutsche Bibliothek – CIP-Einheitsaufnahme

Schneider, Gabriele:
Kartenlegen mit Skatkarten / Gabriele Schneider. -
Hamburg : Corona-Verl., 2001
   ISBN 3-934438-03-2

2001
ISBN 3-934438-03-2
© Copyright 2001 by CORONA, Hamburg
Alle Rechte vorbehalten
Satz und Layout: CORONA, Hamburg
Umschlaggestaltung: Angelina Simonik
a product of: Larimar Multi Media
Druck und Bindung: Druckerei FINIDR, s.r.o., Český Těšín

Inhalt

Dieses Buch möchte ich all denen widmen, die in ihrem Tun anderen Menschen in Liebe, Güte und Verständnis begegnen. Meinen Eltern, die für mich stets gute Lehrmeister sind. Sowie Katinka, die mir in meinem Leben zu einem großen Vorbild für Willenskraft, Stärke und Eigendisziplin geworden ist.

Vorwort

Dieses Buch entstand auf vielfachen Wunsch lernbereiter Kunden, die mit dem angebotenen Lehrmaterial über Skatkartenlegen wenig anfangen konnten. Im Bereich der Tarotkarten gibt es zwar genügend Material, jedoch empfinden viele die Tarotkarten als zu aufwendig und kompliziert, um als Einsteiger den Bezug zu den Karten zu finden. Mein Bestreben war es nun, ein Konzept zu finden, mit dem die Skatkarten ihre eigene Faszination, die sie zweifelsohne besitzen, auch entfalten können. Deshalb stelle ich im ersten Kapitel des Buches die einzelnen Karten zunächst einmal in Farbe dar. So bleibt der direkte Bezug zu den Originalkarten besser erhalten.

Im theoretischen Teil des Buches habe ich versucht, so wenig Text wie möglich zu verwenden. Dies trägt dazu bei, dass eine erhöhte Konzentration auf das Wesentliche möglich und der Zugriff auf Wissen bei Fragen in der praktischen Arbeit erleichtert wird.

Im praktischen Teil des Buches zeigt die Einleitung Schritt für Schritt nicht nur ein Ergebnis (Deutung), sondern sie erklärt gleichzeitig den Erarbeitungsweg zu jeder einzelnen Deutung. Das Buch, so wie Sie es jetzt vor sich haben, wird meinen Kartenlegekursen als Lehrbuch dienen. Um zu überprüfen, ob es in der Praxis auch den Anforderungen eines Lehrbuches gerecht wird, habe ich einige meiner Schüler bereits damit arbeiten lassen. Diese sind von der Optik und dem Umgang mit dem Buch sehr begeistert. Ich hoffe, Sie sind ebenso angetan wie meine Schüler, Kunden und ich selbst. Sollten Sie noch Fragen zu meinem Buch haben, stehe ich Ihnen gerne zur Verfügung.

Mit freundlichen Grüßen

Ihre

Gabriele Schneider

Aus der Praxis geplaudert

Bevor ich mit dem theoretischen Teil meines Buches beginne, möchte ich Sie noch einen Augenblick in die praktische Welt des Kartenlegens entführen. Diese kleine Rundreise ermöglicht Ihnen, einmal hinter die Kulissen der Arbeit eines Kartenlegers zu schauen. Der Blick, durch den Schleier des Okkulten hindurch, zeigt Ihnen die ganz realen, kleinen und großen Gegebenheiten, mit denen man es in dieser Tätigkeit zu tun bekommen kann. In meiner langjährigen Erfahrung im Umgang mit Menschen hat sich in meiner Arbeit ein Leitsatz ganz besonders ausgeprägt. Er lautet:

»Erwarte nichts, aber sei auf alles gefaßt!«

Berücksichtigt man diesen Satz bei allem was man tut, erspart man sich viele Enttäuschungen und bewahrt sich den notwendigen Humor, den man für ein stets positives Handeln unbedingt braucht.

Das, was meist allen Dingen voraus geht, ist der Anruf eines Ratsuchenden mit der Bitte um einen Termin. Im allgemeinen sollte man annehmen, dass dieser Teil wohl ohne größere Schwierigkeiten zu meistern ist. Schließlich gilt es nur, einen für beide Teile passenden Termin zu finden. »Würde Ihnen der kommende Dienstag um 10.00 Uhr zusagen?«. Sagt der Ratsu-

chende an dieser Stelle des Gesprächs »Ja«, könnten Sie wider Erwarten bereits an diesem Punkt auf ungeahnte Schwierigkeiten stoßen. »Gut, dann trage ich Sie für Dienstag um 10.00 Uhr ein. Wie ist denn Ihr Name bitte?«

»Brauchen Sie den?« lautet die Antwort, die die Schwierigkeiten einleitet.

»Sie müssen mir nicht Ihren richtigen Namen nennen. Wenn Sie möchten, reicht mir auch der Vorname oder ein Nachname Ihrer Wahl.« Auf diese Weise wächst die Kundenkartei in den Bereichen »Müller«, »Meier«, »Schmitt« ins Unermessliche. Deshalb kann es nur von Vorteil für Sie sein, wenn Sie Ihr Gehör stetig schulen und sich angewöhnen, Ihre Kunden bereits an der Stimme zu erkennen. Dieses System der Früherkennung erweist sich auch bei Kunden, die sich nach langer Pause wieder bei Ihnen melden, als äußerst hilfreich.

Es hält sich nämlich das hartnäckige Gerücht unter den Leuten aufrecht, dass Sätze wie »Hallo, ich bin es mal wieder. Wie geht es Ihnen denn?« dem Wahrsager auch noch nach Jahren ein klares und deutliches Bild zur Person des Anrufers vermitteln. Da die Stimmerkennung nicht notwendigerweise die Kenntnis des Namens des Anrufers voraussetzt, um ihn als bekannt oder unbekannt einzustufen, erspart es Ihnen den Zustand der Verwirrung, wenn sich die frühere Frau „Müller" diesmal mit „Meier" oder sogar, in der Freude des Moments, mit ihrem richtigen Namen meldet. Hat der Ratsuchende schließlich den Weg zu Ihnen gefunden, wird manchmal das Gespräch über Ihr Honorar zu einem weiteren Test Ihrer Selbstsicherheit im Umgang mit Menschen. In solchen Fällen beginnt der Kunde meist ohne Punkt und Komma von seiner schwierigen Lebenssituation zu berichten. Dabei wird die besonders schwierige, finanzielle Lage mehrmals mit Nachdruck betont, ja sogar noch verstärkt mit der Bemerkung »Ich lebe vom Sozialamt«. Dies soll Ihnen zu verstehen geben, dass man Ihre Dienste gerne ausgiebig in Anspruch nehmen möchte, jedoch zu einem weitaus geringeren Preis. Hier möchte ich anmerken, dass man stets bemüht sein sollte, in schwierigen Fällen das Honorar den Möglichkeiten des Ratsuchenden anzupassen. Menschliche Hilfe steht schließlich jedem zu!

Im folgenden Fall schien es jedoch Hilfe ganz anderer Art zu bedürfen. Ein Blick in das Kartenbild der Kundin zeigte genau das Gegenteil dessen, was sie von sich berichtet hatte. Genau an diesem Punkt wird Ihre Selbstsicherheit im Umgang mit Ihrer Arbeit einer verschärften Kontrolle unterzogen. Das Kartenbild zeigte eine recht erfolgreiche Frau, die in finanzieller Hinsicht durch ihren Mann sehr gut abgesichert war. Im Vertrauen auf mein Können, erklärte ich ihr, dass ich für sie nur etwas tun würde, sofern sie bereit sei, mir mein gesamtes Honorar zu zahlen. Dies tat sie dann auch, versäumte es jedoch nicht, ihren Ärger über diese Tatsache mit entsprechenden Bemerkungen kund zu tun.

Wie man sich vorstellen kann, dauerte der Termin nicht sehr lange, da außer meinem Monolog über die Fakten ihres Kartenbildes kein Gespräch zustande kam. Mit den Worten »Auf Nimmerwiedersehen« entschwand sie durch die Türe.

Einige Tage später bewahrheitete sich der alte Spruch »Sag niemals nie«. Ich stand in einem größeren Geschäft, in das ich normalerweise nie gehe, und wen sah ich da? Richtig. Eben diese Kundin. Offenbar arbeitete sie hier. Jetzt wollte ich den Dingen zu meiner eigenen Beruhigung einmal auf den Grund gehen. Ich fragte eine Verkäuferin, ob sie mir sagen könne, wer die Frau sei. Sie konnte. Es war die Geschäftsführerin des Ladens, und wie mir der Tonfall und die Mimik meiner Gesprächspartnerin verriet, nicht gerade sehr beliebt. Mit einem freundlichen »Hallo, schön Sie zu sehen«, ging ich an meiner Kundin vorbei. Ihr beschämtes, hochrotes Gesicht, als sie mich erkannte, zeigte mir sehr deutlich, dass sie die Hilfe des sich selbst Erkennens nun bekommen hatte.

Eine ähnliche Erkenntnis machte eine andere Kundin. Ihr Bestreben war es, mehr über die Untreue ihres Mannes zu erfahren. Er müsse mindestens zwei Freundinnen gleichzeitig haben und das schon über Jahre hinweg. Sie wolle sich über mich jetzt die letzte Gewissheit holen, um sich dann endlich zu einer Scheidung durchzuringen. Das Kartenbild zeigte nun wirklich kein besonders gutes Bild der Ehe. Auf das Anliegen der Kundin hin versuchte ich, mir natürlich zuerst ein Bild von dem Ehemann zu machen. Allerdings konnte ich bei ihm weit und breit keine Anzeichen einer ehelichen Untreue ausmachen. Das wiederum machte mich stutzig. So entschloss ich mich, bevor ich eine Aussage zu diesem Thema traf, die Karten, die um die Personenkarte der Kundin lagen, näher zu betrachten. Ehrlich gesagt erstaunte es mich nicht sonderlich, dass sich die Freundinnen des Ehemannes als die Liebhaber der Ehefrau entpuppten. Mich erstaunte ihre Reaktion auf meine Aussage wesentlich mehr: »Heißt das jetzt, dass ich bei meinem Mann bleiben muss?« Auf das nun folgende Gespräch über die Höhen und Tiefen einer Ehe und die Möglichkeiten, damit umzugehen, möchte ich jetzt nicht näher eingehen. Es sei jedoch erwähnt, dass die besagte Kundin seit einiger Zeit wieder eine glückliche Ehe mit ihrem Mann führt, ganz ohne Freundinnen und Liebhaber.

Die Liebe ist schon eine seltsame Pflanze. Sie wächst und gedeiht, ist lieblich anzuschauen und doch vergällt sie einem manchmal die beste Kundin. Frau P. begegnete ich zum ersten Mal nach der Trennung von ihrem Freund. Sie wollte wissen, ob und wann sie jetzt endlich den richtigen Mann fürs Leben finden würde. Meine Aussagen, die ich mit einem Zeitraum von drei Monaten angegeben hatte, bewahrheiteten sich. Von da an holte sie sich bei wichtigen Entschei-

dungen immer wieder meinen Rat ein. So war es auch, als es bei ihr, mittlerweile verheiratet, um die Familienplanung ging. Über die Nachricht, dass sich bald der erste Nachwuchs einstellen würde, war sie nicht unbedingt erfreut. Sie hatte sich unter Familienplanung eher etwas Längerfristiges vorgestellt. Zudem lautete meine Aussage, sie sei bereits schwanger, was die ganze Angelegenheit noch etwas brisanter machte. Das Leben muss man nehmen, wie es kommt, und so erhielt ich ein paar Tage später die bereits freudig klingende Nachricht: »In sieben Monaten erwarten wir unser erstes Kind!«. Frau P. versprach, sich spätestens nach der Geburt wieder bei mir zu melden, was sie dann auch tat. Mit ihrem fünf Monate alten Töchterchen auf dem Arm, war sie auf ihr weiteres Fortkommen gespannt. Die Frage, ob sie denn jetzt bald wieder arbeiten gehen würde, beantwortete ich ihr mit dem Satz: »Sie sind bereits wieder schwanger!«. Auch hier bestätigte sie mir ein paar Tage später telefonisch ihre Schwangerschaft. Es klang diesmal allerdings nicht so glücklich, wie beim ersten Mal. Doch mit der Zeit stellte sich auch bei der zweiten Schwangerschaft die Freude über den Familienzuwachs ein. Zumal es ein Junge wurde, den sie mir ein halbes Jahr nach seiner Geburt vorstellte. Sie berichtete mir von ihren Zukunftsplänen, und dass sie und ihr Mann die Familienplanung mit nunmehr zwei Kindern abgeschlossen hätten. Irgendwie hoffte ich, dass sie nicht so schnell mit dem Erzählen aufhören würde, damit ich in Ruhe darüber nachdenken konnte, auf welchem Weg ich ihr die Botschaft der dritten Schwangerschaft überbringen könnte. Ich entschied mich für den Direkten.

Bei ihrem nächsten Besuch brachte sie neben ihren nunmehr drei Kindern auch ihren Mann mit. Der Familienrat hatte beschlossen, dass sich ab jetzt ihr Mann die Karten legen lassen sollte. Sie war zwar nach wie vor an ihrer Zukunft interessiert, sah es aber langsam als schlechtes Omen an, selbst danach zu fragen. Ein Blick in das Kartenbild ihres Mannes genügte und ich war geneigt, ihr Recht zu geben. Also entschloss ich mich dazu, zuerst alle wichtigen und unwichtigen Details »ungefährlicher« Lebensbereiche zu kommentieren, um am Ende den Bereich Partnerschaft und Familie mit dem Satz zu beenden, den keiner hören wollte: »Herzlichen Glückwunsch, Sie werden Vater!«. Frau P. wurde blass und ihr Mann raufte sich die Haare. Schließlich schaute er mir fest in die Augen und stellte mir die Frage aller Fragen: »Gute Frau, ist es möglich, dass man vom Kartenbefragen schwanger werden kann?«. Ich musste trotz aller guten Vorsätze (sei auf alles gefasst!) ziemlich verwirrt geschaut haben, denn Frau P. bemühte sich redlich, eine Erklärung für die Frage ihres Mannes zu finden. »Wissen Sie, dass war nämlich so: Nach meinem letzten Besuch bei Ihnen, haben mein Mann und ich beschlossen, dass wir nach der Geburt unseres zweiten Mädchens, ganz besondere Sorgfalt im Bereich der Verhütung walten lassen. Deshalb habe ich

mir, trotz der Pille, die ich nehme, vom Arzt noch zusätzlich eine Spirale einsetzen lassen. Und um hundertprozentig sicher zu sein, benutzt mein Mann Kondome. Deshalb kann ich einfach nicht glauben, dass ich schon wieder schwanger sein soll.« Das sie es war, bestätigte ihr Anruf wenige Tage später. Wie sich herausstellte, hatte Frau P. ihre Spirale verloren, die Pille zwischendurch ein paarmal vergessen und das eine geplatzte Kondom trug den Rest zur Kette der verhängnisvollen Missgeschicke bei. Monate später rief mich Frau P. noch einmal an. Nein, sie wolle keinen Termin bei mir. Sie wolle mir nur die Geburt ihres zweiten Sohnes bekannt geben und mir mitteilen, dass sie sich erst wieder bei mir zum Kartenlegen melden würde, wenn sie hundertprozentig sicher sei, in den Wechseljahren zu sein.

Bei meiner Arbeit werde ich auch oft von meinem Kater unterstützt. Je nach Lage der Dinge, trägt er zur Erheiterung und damit zur Lockerung einer angespannten Situation bei oder bewährt sich im Trocknen von Tränen. Dass er es auch noch fertig bringt, einem Menschen zum Ausdruck eines Körpergefühls zu verhelfen, war mir bis zu dem Termin von Frau W. allerdings neu. Frau W. bemühte sich, über die Karten einen Weg in ihr inneres Erleben zu finden und diesen Erfahrungen Schritt für Schritt auch Ausdruck zu verleihen. Sie war jedoch ein Mensch, der sich schwer tat, seine Empfindungen in einer bildhaften Sprache darzustellen. So hieß es für sie: Üben, üben und nochmals üben. Da sie direkt von ihrer Arbeitsstelle zum vereinbarten Termin gekommen war, erreichten wir recht bald einen Punkt der Erschöpfung. Wir beschlossen, den Termin zu beenden, um ihn zu einem geeigneteren Zeitpunkt fortzusetzen. Zum Abschluss forderte ich sie auf, mir als letzte Übung für diesen Tag ein sprachliches Bild ihres momentanen Zustandes zu geben. Die Basttasche um die Schulter gehängt, sagte sie dann voller Stolz: »Ich fühle mich so schlapp, dass es mir vorkommt, als wäre meine Tasche in der letzten Stunde um fünf Kilo schwerer geworden.« In der gleichen Sekunde stieß sie einen Schrei aus. Was war geschehen? Das unerklärliche Gewicht in ihrer Tasche hatte sich bewegt. Mein lieber Kater hatte es sich während unserer Übungsstunde bei einem Leberwurstbrot, das er in der Tasche fand, gemütlich gemacht. Das Heben der Tasche hatte ihn aus seinem Verdauungsschlaf geholt. Völlig ohne Hintergedanken fragte ich Frau W., wie es ihr auf diesen Schreck hin ginge. Sie antwortete mit einem strahlenden Lächeln: »Mir ist, als hätte ich gerade in eine Steckdose gelangt und mich mit Energie aufgeladen. Meine Erschöpfung ist wie weggeblasen.«

So kann man sehen, dass das, was der eine manchmal in einer Stunde harten Arbeitens nicht schafft, der andere mal so eben im Aufwachen erledigt. Frau W. jedenfalls hatte fortan keine großen Schwierigkeiten mehr, sich in

Bildern auszudrücken, und das ist es schließlich, auf was es ankommt.

Es gibt viele Menschen, die durch ein plötzliches Ereignis in ihrem Leben anfangen umzudenken. Am meisten Bewunderung zolle ich in dieser Hinsicht meinem ältesten Kunden Herrn K.. Er fand im gesegneten Alter von 78 Jahren seinen Weg zu mir. Ich erinnere mich noch sehr gut daran, als er zum ersten Mal meine Wohnug betrat. Er trug einen ziemlich altmodischen, mausgrauen, verknitterten Anzug und einen Hut, der farblich nur widerwillig dazu passen wollte. Da er sein rechtes Bein beim Gehen etwas nachzog, stützte er sich auf zwei Krücken. Er lebte alleine und hatte keine Kinder. Seine Frage an mich war kurz, aber inhaltsschwer: »Wann kann ich endlich sterben?«

In solch einer Situation ist es nicht einfach, ruhig und konzentriert zu bleiben. Um so erstaunter war ich, als ich sah, was ich sah. Ihm standen noch richtig gute und glückliche Zeiten bevor. Besonders an der Stelle, an der die Karten von den Reisen, die er machen und den Frauen, die er treffen würde, erzählten, musste ich schmunzeln. Herr K. saß mir still gegenüber und kein Muskel in seinem Gesicht wollte verraten, was er dachte, als er dies alles hörte. Nach meinen Ausführungen sagte er endlich: »Bei so einer Zukunft kann man ja direkt froh sein, dass man keine Kinder hat. Die würden mich am Ende noch in die Irrenanstalt stecken.« Als er schon gegangen war, hingen mir seine letzten Worte noch immer nach: »Junges Fräulein, ich werde es sie wissen lassen, wie ich mich entschieden habe.« Nach drei Monaten kam ein Anruf von ihm. »Ich habe lange über meinen Wunsch zu sterben nachgedacht und ihn den Dingen gegenüber gestellt, die Sie mir gesagt haben. Besonders intensiv habe ich mir über die Frauen, von denen sie gesprochen haben, Gedanken gemacht. Schließlich bin ich nicht mehr der Jüngste und mit meinem schlimmen Bein wohl auch nicht mehr der Schnellste. Deshalb habe ich beschlossen, das Beste aus der Situation zu machen und bin in ein Reisebüro gegangen. Auf meine Frage, wohin man am besten reist, um all die Dinge zu erleben, die Sie mir vorhergesagt haben und unter Berücksichtigung meiner Gehbehinderung, kam die prompte Antwort der netten Dame im Reisebüro: ›Sie müssen eine Kreuzfahrt machen. Auf einem Schiff entkommt Ihnen keine Frau!‹ Sie hat sich dann auch noch bereit erklärt, mit mir die passende Kleidung einkaufen zu gehen und mich nebenbei dazu überredet, meine Krücken gegen einen Stock mit Silberknauf auszutauschen. Morgen steche ich in See.«

Später kam dann noch eine Postkarte: »Sie hatten Recht, die Sache mit dem Sterben hat noch Zeit. Mein Bein ist auch besser geworden. Den Stock brauche ich zwar nicht mehr, aber ich benutze ihn weiter. Wie es scheint, kommt ein Mann mit Stock gut bei den Frauen an.«

Gerade das letzte Beispiel zeigt sehr schön, welch große Verantwortung der Kartenleger auf seinen Schultern trägt. Deshalb möchte ich Ihnen noch einige Regeln, die Sie sich in Ihrer Tätigkeit zu eigen machen sollten, mit auf den Weg geben. Die erste und wohl auch wichtigste Regel lautet:

»Sie sind nur Wegweiser und Vermittler im Leben eines anderen!«

Als Wegweiser sollten Sie das Kartenbild eines Ratsuchenden stets als Landkarte seines Lebens betrachten. Darin erkennbar sind: der momentane Aufenthaltsort, sämtliche befahrbare Wege und Straßen, sowie die erreichbaren Ziele. Ihre Aufgabe ist es nun, dem Fragesteller zu erklären, an welchem Ort er sich befindet, welche Wege er für sich nutzen kann und ihm zu helfen, das bestmögliche Ziel im Leben zu finden. In Ihrer Funktion als Vermittler ermöglichen Sie dem Ratsuchenden Perspektiven, um für sich selbst neue Hilfsmöglichkeiten zu finden. Um hier die Betroffenen umfassend beraten zu können, sollten sie stets darauf bedacht sein, sich in vielen Bereichen zu belesen und zu informieren. Einer Frau mit Eheproblemen werden Sie vielleicht sagen, dass ihre Ehe im Moment mit großen Schwierigkeiten behaftet ist (Aufenthaltsort). Sie erkennen im Kartenbild, dass als Ursache zum Beispiel eine mangelhafte oder fehlerhafte Kommunikation zwischen den Ehepartnern vorliegt. Dies zu bemerken und zu verändern, ebnet jedoch wieder den Weg zu einer harmonischen Partnerschaft (gangbare Wege und Straßen). Die Karten sagen eine in der Zukunft sehr glückliche Ehe voraus (erreichbares Ziel). Sicher gibt es Menschen, denen diese Form einer Aussage zum erwünschten Ziel verhilft. Weit mehr Ratsuchende können solche Erklärungen und Prognosen leider nicht in ihrem Leben umsetzen. Hier stellt sich die Frage: Warum? Stellen Sie sich vor, Sie möchten für einige Wochen nach Amerika fliegen. Sie nehmen sich eine Landkarte und beginnen, Ihre Reiseroute zu planen. Zuerst suchen Sie Ihren Wohnort (Aufenthaltsort). Mit einem Stift markieren Sie die Strecke, die zu Ihrem Urlaubsort New York führt (gangbare Wege und Straßen). Das Hotel am Zielort bestätigt Ihnen die Zimmerreservierung (erreichbares Ziel).

Ein offener, selbstsicherer Mensch wird hier keine großen Schwierigkeiten haben, sein Ziel zu erreichen. Er wird ins nächste Reisebüro gehen und sich einen Flug oder eine Schiffspassage buchen. Für den in sich verschlossenen, selbstunsicheren Menschen, stellt sich aber die Frage: »Wie komme ich überhaupt nach Amerika?«. Ihm muss man erst von der Möglichkeit eines Fluges oder einer Schiffspassage erzählen, damit er zu einer Lösung seines Problems finden kann. Ihre Vermittlertätigkeit besteht nun darin, dass sie wissen, ob und wo es in seiner Nähe ein für seine Bedürfnisse geeignetes Reisebüro gibt. Im Beispiel der Frau und ihrer Eheprobleme würde das bedeuten, ihr die Möglichkeiten und Vorzüge einer Eheberatung oder einer psychologischen Begleitung näher zu bringen. Diese kann ihr dann helfen, den Weg, den Sie ihr sichtbar gemacht haben, zu gehen. Vermittlung heißt jedoch nicht nur geeignete Stellen zu nennen, an die der Ratsuchende sich wenden kann. Oft geht es hier auch darum, dem Menschen die Angst vor einem erneuten Arzttermin, einer neuen Behandlungsmethode, einer neuen Arbeitsstelle zu nehmen und ihm Mut zu machen. In diesen Bereich fallen auch praktische Dinge wie Vorschläge zu einer guten Bewerbung und Empfehlungen zum Thema Freizeitgestaltung. Die zweite Regel, die sich aus der ersten bedingt, lautet:

»Nimm dem Ratsuchenden zu keinem Zeitpunkt seine Eigenverantwortlichkeit aus den Händen!«

Helfen Sie dem Ratsuchenden einen geeigneten Flug für sein Vorhaben zu finden, aber fliegen Sie ihn auf keinen Fall selbst an sein Reiseziel. Einem Menschen seine Eigenverantwortlichkeit abzunehmen bedeutet, ihn abhängig zu machen. Abhängigkeit hat jedoch nichts mehr mit Hilfe zu tun. Im Gegenteil: Sie macht ihn noch hilfloser. Wichtig ist, dass Sie dem Ratsuchenden den Blick für seine individuellen Möglichkeiten öffnen und ihm helfen, sich selbst in der jeweiligen Situation zu erkennen. Sich selbst erkennen bedeutet auch, sich seiner Entscheidungen bewusst zu werden und Entscheidungen in Zukunft bewusster treffen zu können. So bereiten Sie dem anderen einen Weg in ein selbstbestimmtes und damit glückliches Leben. Die Frau aus dem vorangegangenen Beispiel erkennt, dass es die Zurückhaltung ihrer persönlichen Interessen und Bedürfnisse, wie Hobbies und dergleichen mehr, war, die ihre Ehe in die Krise brachten. In der Auseinandersetzung mit sich selbst, beginnt sie auch Reaktionen ihres Mannes zu verstehen und ermöglicht so ein bewussteres Miteinander in der Ehe. Dieses Verhalten fördert wieder die Harmonie und lässt künftig auftauchende Probleme nicht mehr unlösbar erscheinen. Denn ein verändertes Verhalten der Partnerin ruft auch veränderte Reaktionen des Ehemannes hervor. Wichtig ist es, hier darauf zu achten, dass der Ratsuchende das Tun nicht mit dem Fragen verwechselt.

Ein ständiges Nachfragen, ob sich die Situation bald verändert, sollte unbedingt vermieden werden. Denn an diesem Punkt ist die Gefahr groß, dass der Ratsuchende seine Eigenverantwortlichkeit an die Karten abgibt und sich, anstatt aktiv zu werden, in die passive Rolle des Abwartenden begibt. Dies hat meist noch mehr seelisches Leid zur Folge. Aus diesem Grund muss der verantwortungsbewusste Kartenleger stets bemüht sein, auf die mögliche Hilfe eines Therapeuten aufmerksam zu machen und versuchen, dem Ratsuchenden wenn nötig die Angst vor dem Schritt, diesen auch aufzusuchen, zu nehmen. Die dritte Regel beschäftigt sich mit der Sprache:

»Lerne in Bildern zu sprechen!«

Der Weg zu vielen Missverständnissen führt über die Sprache. Viele Begriffe, die für den einen eine neutrale oder positive Bedeutung haben, sind beim anderen eher negativ belegt. Am ehesten bemerkt wird das heute noch in den verschiedenen Dialekten. Was der Hochdeutsch Sprechende unter dem Begriff »das Mädchen« versteht, wird vom Bayer als »das Mensch« betitelt. Die bayrische Version wird außerhalb Bayerns jedoch meist als Beschimpfung verstanden, wogegen der Bayer die hochdeutsche Variante eher als unpersönlich bezeichnen würde. Der Krach ist vorprogrammiert, und das obwohl beide doch angeblich die gleiche Sprache, nämlich Deutsch, sprechen. Wie viel schwieriger wird es, wenn zwei sich fremde Sprachen, zum Beispiel Deutsch und Englisch, aufeinandertreffen? Man kann zwar die Worte der Fremdsprache erlernen, die emotionale Bedeutung bleibt jedoch meist verschlossen. Doch woran liegt das? Kindern lehrt man Sprechen, indem man ihnen etwas zeigt und das Gesehene mit einem Wort verknüpft. Man hält ihnen zum Beispiel einen Ball entgegen und sagt: »Das ist ein Ball«. Anfänglich wird oft ein rundes Wollknäuel als Ball bezeichnet, da es auf den ersten Blick alle Eigenschaften eines Balles hat: Es ist bunt und rollt, wenn man es anschubst. Die

Eltern ermöglichen dem Kind nun, durch das Berühren der Wolle und des Balles Unterschiede wie weich und glatt zwischen den beiden Dingen zu erkennen. Weitere Erklärungen über die Funktion der beiden Dinge runden das Verstehen der Unterschiede ab. Das Erkennen findet also durch einen optischen Eindruck und eine taktile Empfindung statt.

Im Laufe des Lernens speichern wir diese Erfahrungen als innere Bilder zum Zwecke der Wiedererkennung ab. Allerdings macht jeder Mensch im Zuge seiner Entwicklung unterschiedliche Erfahrungen, die er zu seinen ganz persönlichen Bildern verarbeitet. Genau hierin liegt die Gefahr von Missverständnissen in der Verständigung mit anderen begründet. Für einen Kartenleger ist es deshalb besonders wichtig, sich auf die Sprache seines Gegenüber einzustellen, um sein Wissen bestmöglich an den Ratsuchenden vermitteln zu können. Der erste Schritt dabei ist, sich seiner eigenen Sprache, seiner eigenen inneren Bilder bewusst zu werden.

Ich erinnere mich dabei an ein Bild in der Wohnung einer Bekannten. Es stellt zwei Personen dar, wobei nicht zu erkennen ist, ob es sich um eine Frau und einen Mann, zwei Frauen oder zwei Männer handelt. Sie stehen hintereinander und die hintere Person hat ihre Arme um die vordere gelegt. Während einer Feier bei meiner Bekannten, unterhielten sich zwei Frauen über dieses Bild. Die eine empfand es als sehr positiv und meinte, in der hinteren Person einen Mann zu erkennen. Die andere bezeichnete es als erdrückend und widersprach ihrer Bekannten insofern, dass es sich um zwei Frauen handeln müsse. Als sie bemerkten, dass ich ihnen zuhörte, fragten sie mich, warum zwei Menschen ein und dasselbe Bild so unterschiedlich beurteilten. Um dies beantworten zu können, muss man sich erst einmal auf seine eigene Emotion und damit auf sein eigenes inneres Bild konzentrieren. Mir persönlich gefällt dieses Bild sehr gut, da es mir beim Betrachten einen Eindruck von Geborgenheit und Halt gibt. Dabei spielt es für mich keine Rolle, welchen Geschlechtes die beiden Personen sind, da diese Gefühle nach meinem Empfinden von beiden Frauen vermittelt werden. Somit findet sich für das Bild auch noch eine dritte Art der Beurteilung, sofern man nicht an seinen eigenen Emotionen haften bleibt. Nun hat man die Möglichkeit über die verschiedenen Ansichten in Streit zu geraten und an den Emotionen festzuhalten oder gerade dadurch das Interesse zu entwickeln, seine Gesprächspartner besser kennen zu lernen. Genau betrachtet ist dieses Bild nichts anderes als eine Projektion nach außen, ein Bewusstwerden eines inneren Bildes der einzelnen Betrachter. Das eigentliche, innere Bild, um das es in diesem Fall geht, ist das In-Den Arm-Genommen-Werden. Damit hat jeder seine ureigenen Erfahrungen im Leben gemacht und verknüpft unterschiedlichste Emotionen damit.

Diejenige der Frauen, die eine positive Empfindung hatte, verknüpft ihre guten Erfahrungen ihrer Ehe, ihr Sich-Geborgen-Fühlen bei ihrem Mann, mit dem Bild. Deshalb meinte sie auch, einen Mann in der hinteren Person zu erkennen. Die andere verbindet die Darstellung des In-Den-Arm-Genommen-Werdens mit ihrer stets klammernden und besitzergreifenden Mutter, weshalb sie zwei Frauen auf dem Bild zu erkennen glaubt. Diese Interpretation des Ganzen ist es dann auch, die die negativen Gefühle bei ihr aufkommen lässt. Nachdem beide Frauen die jeweilige »Übersetzung« der anderen gehört hatten, fanden sie genug Gesprächsthemen, die den Abend angenehm gestalteten. Sie hatten zum ersten Mal bewusst ihr Gegenüber kennen gelernt und nahmen viele neue Anregungen mit nach Hause. Auch das Kartenbild ist eine Art Bildersprache. Personen und Ereignisse werden umschrieben und zusätzlich mit den jeweiligen Emotionen unterstrichen.

Die Aufgabe des Kartenlegers ist es nun, diese Sprache für den Ratsuchenden zu übersetzen und ihm einen Zugang zu seinen eigenen Bildern zu ermöglichen. Wichtig dabei ist jedoch, dass der Kartenleger stets neutral bleibt und es tunlichst vermeidet, seine eigenen Emotionen in die Bilder hineinzuinterpretieren. Auch der Ratsuchende selbst ist wie ein »Bild« für den Kartenleger. Sie sollten sich immer bewusst sein, dass Sympathie und auch Antipathie einem anderen Menschen gegenüber nur eine Erinnerung an eine Erfahrung, die in Ihrem Inneren gespeichert ist, darstellt. Diese Einsicht macht es Ihnen auch in schwierigen Situationen möglich, eine neutrale Einstellung demjenigen gegenüber beizubehalten, dem Sie helfen wollen. Denn so erkennen Sie, dass es nicht dieser Mensch ist, der positive oder negative Emotionen in Ihnen auslöst, sondern die Erinnerung an etwas Vergangenes, und er erinnert Sie nur daran. Haben Sie diesen neuen Menschen in Ihrem Leben näher kennen gelernt, bekommt er in Ihrem Inneren sein eigenes Bild. Oft hebt ein neu eingespeichertes Bild ein schon seit längerem vorhandenes auf. Dies ist die Art, mit der wir Ängste und Neigungen unseres Lebens ständig wandeln und verändern. Auch ist es der Weg, auf dem Sie einem Ratsuchenden helfen können, seine Handlungsweisen besser zu erkennen und seinen Lebensweg bewusster zu gestalten. Sie lehren ihn, seine eigene Sprache zu verstehen und sie weiterzuentwickeln. Dadurch ist er eher in der Lage, besser auf die Sprache anderer zu reagieren und erlangt mehr Möglichkeiten, mit denen er in seinem Leben positiver und zielgerichteter wirken kann. Die vierte Regel beschäftigt sich mit dem Kartenleger selbst:

»Alles, was Du tust, ist ein Baustein in Deinem eigenen Leben!«

Einer der Lieblingssätze meiner Großmutter lautete: »Man kann noch so alt werden, aber man lernt nie aus!« Dies trifft besonders auf die

Beschäftigung mit den Karten zu. Im Laufe der Jahre habe ich immer mehr den Eindruck gewonnen, dass meine Karten »lebendig« sind. Sie wollen zwar nicht gerade zum Frühstück eingeladen werden, aber sie scheinen es auch nicht gerade nett zu finden, mit fettigen Fingern angefasst zu werden. Sicher ist das jetzt etwas überspitzt ausgedrückt. Was ich jedoch damit sagen will, ist, dass derjenige, der keine Zeit hat, sich vor der Arbeit mit den Karten die Finger zu waschen, mit Sicherheit nicht nur einen Mangel an Sauberkeit, sondern auch einen erheblichen Mangel an Konzentration aufweist. Gerade aber die Konzentration ist es, die es Ihnen ermöglicht, auch Ihre eigenen Lernerfahrungen bewusst wahrzunehmen. Schon während Sie einem Ratsuchenden seine Möglichkeiten darlegen und sich bemühen, ihm zu helfen diese im Leben auch umsetzen zu können, unterzieht Sie das Leben einer Selbstüberprüfung. Es geht zwar in der Hauptsache um die bereits besprochenen »Bilder« des Ratsuchenden, aber in genau dem gleichen Moment stellt er ein Spiegelbild für Sie dar. Ein Mensch, der partout nicht einsehen will, weshalb er selbst etwas zu seinem Weg beitragen soll, wird Sie dadurch vielleicht darauf hinweisen, dass auch Sie gerade in einem Lebensbereich durch Ihre Sturheit am Ziel vorbeigehen. Natürlich vermag zum Beispiel ein ganz wunderbar verlaufender Beratungstermin Ihnen auch ein Lob für Ihr momentanes inneres Gleichgewicht auszusprechen. Es kann auch vorkommen, dass es Zeiten gibt, in denen alle

Menschen, die zu Ihnen kommen, die gleichen Probleme zu haben scheinen. Dies sollte Sie zu der Überlegung anspornen, ob Sie zu diesem Thema nicht auch noch etwas für sich zu klären haben.

Ein weiterer Punkt des Lernens, den ich schon am Anfang kurz angesprochen hatte, ist das Sich-Stetig-Bilden durch Lesen und Informieren. Je mehr Sie sich für verschiedene Wissensbereiche interessieren, desto größer wird Ihr »Bilderschatz«. Dieser ist für Sie notwendig, um in der Lage zu sein, die verschiedenen Bildsprachen der zu Ihnen kommenden Menschen schneller und leichter zu verstehen. Stellen Sie sich einmal vor, dass der bei Ihnen Ratsuchende beruflich als Automechaniker tätig ist und mit Kunst und Literatur nur sehr bedingt etwas anfangen kann. Was würde wohl passieren, wenn Sie ausgerechnet diese beiden Bereiche, in denen er sich nur mäßig auskennt und in denen Sie auch nicht besonders gut bewandert sind, für eine gemeinsame Bildsprache verwenden würden? Richtig, es wäre keine Verständigung möglich. Um es einmal bildlich auszudrücken: Sie würden einem nur Englisch Sprechenden als Deutsch Sprechender in Türkisch den Weg erklären wollen. Auf diese Art und Weise werden Sie keinen oder nur einen geringen Erfolg mit Ihrer Arbeit erzielen. Dennoch müssen Sie nicht nebenbei noch eine Lehre als Automechaniker absolvieren. Wichtig ist nur, sich einige Grundkenntnisse zu erwerben, die es

Ihnen ermöglichen, einen Anknüpfungspunkt mit Ihrem Gesprächspartner zu finden. Ihr Teil an der gemeinsamen Arbeit ist, durch gezieltes Fragen dem Ratsuchenden als Hilfestellung auf dem möglichen Lösungsweg zur Seite zu stehen. So genügt es zu wissen, wonach Sie fragen müssen. Dialoge entstehen ja nicht nur zwischen Menschen, die sich im Thema gleich gut auskennen, sondern auch wenn einer von beiden besser darin bewandert ist. Sinn macht es allerdings nur dann, wenn alle Beteiligten wissen, worüber sie sich unterhalten. Auch hier gilt wieder: Im Gespräch können Sie Ihr Wissen vervollständigen und somit vom Ratsuchenden etwas lernen, das Ihnen bei einem anderen Menschen gute Dienste leisten kann. An dieser Stelle möchte ich Ihnen noch einen kleinen, aber wichtigen Merksatz mit auf den Weg geben:

»Du musst nicht alles wissen, aber Du solltest wissen, wo Du nachschlagen und Dich informieren kannst!«

Über das Lesen und Informieren wird Sie das Leben immer wieder an wichtige Stationen auf Ihrem Weg führen. Sie werden merken, dass auch die Ratsuchenden, die zu Ihnen kommen, stets wegweisend für Sie sein werden. Im Zuge Ihrer Erfahrungen, die Sie mit anderen Menschen machen werden, wird Ihnen auch Ihr eigener Lebensweg immer klarer vor Augen stehen. Sie werden erkennen, dass Ihr ganzes alltägliches Tun und nicht nur Ihre Arbeit ein stetiger Lernprozess ist. Dieses Wissen sollten Sie für sich nutzen, um sicherer und schneller an die Ziele Ihres Lebens zu gelangen. Bei Ihren Bemühungen Ihr Leben, sich selbst und andere besser zu verstehen, wünsche ich Ihnen viel Erfolg, Geduld und Willensstärke. Auch hoffe ich, dass sich Ihnen trotz aller Lernaufgaben die humorvolle Seite Ihrer Arbeit erschließt. Ein guter Lehrer ist ein strenger Lehrer, der seine Schüler immer wieder durch Herausforderungen zum Lernen und Wissensdurst anspornt. Es schadet ihm aber nicht, wenn er eine Portion Humor besitzt. Im Gegenteil, das macht ihn sympathisch und liebenswert.

Menschen und Situationen mit anderen Augen zu sehen, ist für mich nichts Außergewöhnliches. Seit meiner Kindheit begleiten mich Wahrnehmungen und Begegnungen, die anderen oft eher befremdlich erscheinen mögen. Doch gerade die Vielfalt dieser Begebenheiten und deren Akzeptanz ließen mich bereits in sehr jungen Jahren einen umfangreichen Erfahrungsschatz erwerben. Dieser Erfahrungsschatz bewahrte mich zwar nicht davor, immer wieder neue Lebensaufgaben gestellt zu bekommen, ermöglichte mir jedoch, durch das Erkennen der verschiedenen Perspektiven einer Situation, immer zielstrebig und schnell Lösungen zu finden. Das Kartenlegen, ein Erbstück meiner Groß- und Urgroßmutter, ist mir stets eine große Hilfe gewesen, in schwierigen Lebenssituationen nicht in Monologen verhaftet geblieben zu sein, sondern den Dialog mit mir selbst zu finden.

Um meine Erfahrungen an andere besser weitergeben zu können, beschäftige ich mich seit nunmehr fast 15 Jahren neben dem Kartenlegen auch mit dem Thema Mensch, seiner Psyche, seinen Verhaltensmustern und Charaktereigenschaften. Die Praxis im Umgang mit Menschen und ihren Bedürfnissen erfuhr ich in über 12 Jahren Gastronomiearbeit, im Kennen lernen der unterschiedlichsten Menschentypen und ihren Mentalitäten, sowie eine 15jährige Erfahrung im Kartenlegen. Die Theorie eignete ich mir durch ein intensives Selbststudium im Bereich Psychologie, sowie durch die Teilnahme an einem Ausbildungsprogramm zum psychologischen Berater an.

Mein wichtigstes Bestreben in Beratung hilfesuchender Menschen ist es, für jeden Einzelnen seinen ganz individuellen, auf seine Möglichkeiten abgestimmten Weg im Leben zu finden.

Denn es ist mir nicht genug, den Menschen zu sagen: »Das kommt schon wieder in Ordnung«, oder »Das funktioniert nicht«.

Wichtig ist es, im Leben Möglichkeiten aufzuzeigen, die Ihnen dabei helfen können, Ihren selbstbestimmten Weg zu finden. Dies schließt begleitende Hilfe jedoch nicht aus. Deshalb bemühe ich mich immer wieder um Kontakte zu verschiedenen Ärzten, Tierärzten, Beratungsstellen oder auch Kliniken, um meinen Kunden durch das oft verwirrende Angebot an Hilfsmöglichkeiten einen Weg zu qualifizierter, bestmöglicher Unterstützung zu ebnen.

Neben Kursen zum Erlernen des Kartenlegens biete ich auch Traumanalyse-Seminare an, in denen Interessierte lernen können, wie man sich an seine Träume erinnert und sie für sich und sein Leben nutzbar macht. In meiner Arbeit lege ich größten Wert darauf, dass meine Kunden und Schüler ihre innere Selbständigkeit nie aus den Augen verlieren.

Einem Hungernden das Fischen beizubringen, ist die bessere Hilfe, als ihn jeden Tag mit Fischen zu versorgen.

Einführung

Liebe Leserin, lieber Leser,

viele Bücher sind über das Kartenlegen bereits geschrieben worden. Die meisten davon beschäftigen sich mit den Geheimnissen des Tarots. Andere wiederum befassen sich mit den Bridgekarten, ein Deck mit 52 Blatt, oder mit den französischen Skatkarten, dem 32er Blatt.

Während uns der Tarot durchaus den gegenwärtigen Zeitgeist mit all seiner Vielfalt, Buntheit und Mystik widerspiegelt, lehrt uns das Leben immer wieder die Einfachheit. Wir tun gut daran gerade in Zeiten des Überflusses, uns den einfachen Dingen zu widmen und sie nicht in Vergessenheit geraten zu lassen.

Die 32 Karten des französischen Skatblattes faszinieren mich immer wieder aufs Neue durch ihre Schlichtheit. Gerade die klare Ausdrucksweise ist es, die mir Raum genug lässt, mich tief in meinem Innern auf eigene Bilder zu konzentrieren. Während des Arbeitens mit den Skatkarten entdeckt der Kartenleger, wieviel wunderbare eigene innere Bilder er in der Lage ist zu sehen, was bei den Tarotkarten nur seltener gelingt, da die vielen farbenprächtigen Schnörkel oft eine Ablenkung sind.

Ein weiterer Grund, weshalb ich die französischen Skatkarten schätze, ist, dass sie ungemein praktisch sind. Im Gegensatz zu anderen Blättern sind es einfach wesentlich weniger Karten, deren Bedeutung es sich zu merken gilt. Meine neuen Schüler, die das Kartenlegen erlernen wollen und gerne darauf beharren, dass Tarotkarten einfach besser sind, frage ich dann: »Was würden Sie tun, wenn Sie dringend einen Rat zu einem Problem benötigen, aber Sie nirgendwo Tarotkarten herbeizaubern können?« Das Erstaunen in ihren Gesichtern macht mir die Gefahr der Abhängigkeit und die daraus entstehende Hilflosigkeit stets von Neuem bewusst.

Ich finde, Skatkarten leisten ihren Beitrag zur Verhinderung von Abhängigkeiten durch das Arbeitsgerät. Sie können Sie überall preiswert erstehen, und Sie sind sogar selbst in der Lage, sie mit ein paar Strichen auf Papier zu bringen, ohne dass dadurch ein zu fremder Anblick entstehen und Sie beim Deuten der Symbole verwirren würde.

Zur Unabhängigkeit beim Kartenlegen trägt auch die Entritualisierung bei. Damit meine ich das Weglassen all jener oft beschriebenen Rituale, die es vor dem Beginn des Kartenlegens zu befolgen gilt. Gerade das Einlassen auf solche Rituale birgt den Keim der Unsicherheit in sich. Was und wem nutzt es, die Karten nur auf einem extra dafür vorgesehenen Tisch, mit einer lila Tischdecke wundervoll ästhetisch dekoriert, zu benutzen, eine Kerze und Räucherware anzuzünden, wenn die Not der Menschen auch im Zug, bei Bekannten oder auf der Liegewiese im

Schwimmbad an einen herangetragen wird? Muss ich dann jedesmal erst nach Hause fahren, um helfen zu können? Ist es dann überhaupt noch ein Können?

Das erste was meine Schüler lernen, sind drei Gebote für den Kartenleger:

1. Du sollst Deine Karten lieben und sie so behandeln, als wären sie ein Teil von Dir!

2. Du sollst in der Lage sein, überall und zu jeder Zeit mit den Karten zu arbeiten!

3. Du sollst nicht die Schuld auf die Karten schieben, wenn Du deren Inhalt nicht verstehst!

Das zweite, was meine Schüler lernen, ist, dass zum Kartenlegen mehr gehört als nur das Wissen um den Umgang mit den Karten. Der gute Kartenleger ist stets bemüht, auch außerhalb der Arbeit mit den Karten zu lernen und sich ständig neues Wissen anzueignen.

In einem der wenigen Bücher über das Kartenlegen mit den Skatkarten habe ich gelesen, dass man über die berufliche Entwicklung heute nur sehr wenig aus den Karten ableiten kann, da das Kartenlegen aus einer Zeit stammt, in der der berufliche Erfolg eine geringere Bedeutung hatte als heute.

Erinnern Sie sich an das 3. Gebot für Kartenleger. Es sind nicht die Karten, die sich uns in ihrer altmodischen Art verweigern. Sie sprechen nur eine Sprache, die der Mensch im Laufe seiner Entwicklung vergessen hat. Zwischen all den neuen Wortschöpfungen hat die Bildersprache einen schweren Stand. Dabei sind Bilder ein wichtiges Element im gegenseitigen, wortlosen Verstehen mit unseren Mitmenschen und uns selbst. Je weniger bildhaft der Mensch seine Sprache gestaltet, um so mehr ist er gezwungen zu erklären. Doch je mehr er erklären muss, um so größer wird die Gefahr, an Missverständnissen zu scheitern. Immer mehr erhält er das Gefühl, dass ihn seine Umwelt nicht versteht, er zieht sich zurück und vereinsamt. An dieser Stelle entdecken meine Schüler das 4. Gebot für Kartenleger.

4. Du sollst lernen, in Bildern zu denken und zu sprechen!

Dieses Gebot wird vor allem dann wichtig, wenn es darum geht, einer fragenden Person den Sinn und Zweck bestimmter Ereignisse in ihrem oder seinem Leben zu erklären. Worte hört man oder auch nicht. Sie rauschen vorbei. Bilder dahingegen dienen dem Begreifen und helfen, sich leichter zu erinnern. Sie wirken nachhaltiger und machen Zusammenhänge überschaubarer.

Anderen die verschiedenen Zusammenhänge des Lebens erklären zu können, setzt ein eigenes umfangreiches Wissen voraus. Schließlich können wir nur das erklären, worüber wir etwas wissen. Der gute Kartenleger ist deshalb stets bemüht, sich ein umfangreiches Allgemeinwissen anzueignen. Dazu gehört, regelmäßig die Zeitung zu lesen, Nachrichten zu hören, kurz gesagt, er sollte sich bemühen, über das eigene Umfeld und auch das Weltgeschehen stets so gut wie möglich informiert zu sein. Weitere wichtige Bereiche, mit denen sich jeder Kartenleger beschäftigen sollte, sind Psychologie und Heilkunde. Zwar erhebt der Kartenleger nicht den Anspruch, Psychologe oder Arzt zu sein, doch hilft ihm die Beschäftigung mit diesen Bereichen, ein besseres Bindeglied zwischen Hilfesuchenden und Helfern zu sein.

Es passiert nur zu oft, dass Menschen einen notwendigen Arztbesuch immer wieder hinauszögern allein nur aus Angst, da sie nicht wissen, was sie dort erwartet. Hier ist die Aufgabe des Kartenlegers, diesen Menschen unterstützend beizustehen, indem er Unbekanntes bekannt macht und so den Weg für den Arztbesuch ebnet, damit geholfen wird. Aus diesem Arbeitsbereich des Kartenlegers entstammt das 5. Gebot:

5. Du sollst nicht die Probleme der Menschen lösen. Du bist dazu da, ihnen das richtige Werkzeug in die Hand zu geben, damit sie ihre Probleme selbst lösen können!

Das Aufgabengebiet eines Kartenlegers von Heute unterscheidet sich kaum von dem aus vergangenen Zeiten. Auch früher steckte in dem sogenannten »Kartenschlagen« ein großer Schuss Weisheit und Psychologie. Im Laufe der Jahrhunderte gewann jedoch die Arbeitsweise derer, die weniger Wissen und nur ein geringes Spektrum an Psychologie in ihre Arbeit einfließen lassen konnten, mehr und mehr an Aufmerksamkeit. Sie arbeiteten nach der Devise: »Auch das Schlechteste lässt sich noch gut verkaufen, wenn man es schön verpackt«.

Verpackt wurde das Kartenlegen mit einem großen Tuch aus Mystik. Ein abgedunkelter Raum, Kerzenlicht, Räucherware und die schicksalsträchtige, beschwörende Stimme einer in wallende Gewänder gehüllten Frau. Das ist heute das Werbeplakat, das wir bildlich vor uns sehen, wenn wir vom Kartenlegen oder, wie es oft fälschlicherweise bezeichnet wird, vom Wahrsagen sprechen.

Mit Mystik und Wahrsagerei hat die Kunst des Kartenlegens überhaupt nichts zu tun. Die Begabung des Kartenlegers besteht darin, sich mit den vergessenen inneren Bildern seines Gegenübers zu verbinden und sie ihm wieder bewusst zu machen. Jeder Mensch trägt alle Informationen, die er für seinen Weg durchs Leben braucht, in sich. Es gibt nur ab und zu Situationen, in denen er die Hilfe eines »Übersetzers« benötigt, mit dessen Stütze er sich seines inneren Wissens wieder bewusst wird. Jemanden, der ihm hilft, es zu ordnen und ihm zeigt, wie er es nutzbringend auf seinem Lebensweg einsetzen kann.

Mit diesen »Übersetzungen« beschäftige ich mich seit über 15 Jahren.

Eine heute leider schon verstorbene Kollegin machte mir Mut, aus der sogenannten »normalen« Familienlinie auszuscheren und mich um das Wissen der Karten zu bemühen. Einige Jahre später erfuhr ich dann durch Zufall, dass ich die Pfade unserer Familie gar nicht verlassen hatte. Kurz vor ihrem Tod erzählte mir meine Großmutter, dass die Gabe mit den Karten zu arbeiten, bereits seit einigen Generationen in unserer Familie vorhanden ist.

Mit dieser Gewissheit verstärkten sich meine Bemühungen, neues Wissen zu erwerben. Seither haben sich meine zuerst eher privaten Interessen zum Thema Kartenlegen, nicht zuletzt durch die im Lauf der Zeit erworbenen Erfahrungen, zu einem richtigen Beruf, ja, zu einer Berufung in Form einer Lebensberatung entwickelt. Im Zuge dieser Arbeit wurde ich öfter von Klienten darauf angesprochen, ob es nicht möglich sei, ebenfalls das Kartenlegen zu erlernen.

Nachdem dieser Wunsch immer häufiger an mich herangetragen wurde, habe ich mich dazu entschlossen, dieses Buch zu schreiben. Dabei ist es nicht immer einfach gewesen, die Praxis mit ihrer Intuition in eine brauchbare Theorie zu bringen. Dieses Buch erhebt deshalb auch keinen Anspruch darauf, Ihnen ein vollständiges Wissen zu vermitteln. Es ermöglicht Ihnen aber, sich ein Basiswissen im Kartenlegen zu erwerben, auf dem Sie im Zuge der kommenden praktischen Erfahrungen aufbauen können. Praxis kann man eben nicht lernen, die muss man machen!

Bevor Sie mit dem Studium dieses Buches beginnen, hier noch ein kurzes Wort zum Gebrauch desselben. Die Bedeutungen der einzelnen Karten so wie der Kombinationen oder Besonderheiten sind sehr bewusst an den Beginn des Buches gesetzt worden. Das Beherrschen ihrer Bedeutungen ist die Grundvoraussetzung für jedes weitere Lernen. Am Ende des Buches finden Sie einige Übungstafeln, in die Sie eigene Beispiele eintragen können. Die besten Beispiele geben anfänglich Personen, die auch bereit sind, über das in den Karten gelesene Auskunft zu geben. So legen Sie zum Beispiel Ihrer besten Freundin zum Thema Arbeit die Karten. Anschließend fragen Sie nach den Hintergrundinformationen. Diese werden dann mit dem aufgelegten Kartenbild verglichen. Danach versuchen Sie, die entsprechende Kombination zu dieser Hintergrundinformation zu finden.

Doch jetzt will ich Sie nicht länger davon abhalten, mit dem Lernen zu beginnen. Ich wünsche Ihnen auf Ihrem Weg des Wissens viel Erfolg und, was beinahe genau so wichtig ist, viel Spaß und Freude mit Ihren Karten. Merken Sie sich das 6. Gebot ganz besonders:

6. Du sollst Freude an deiner Arbeit haben und nie den Humor vergessen!

Die 32 Karten des französischen Skatblattes und ihre einzelnen Bedeutungen

Haus
Familie

Wunscherfüllung
Treue
Freude

Ehemann
Vater
liebevoller älterer Freund
Vaterfigur

Typ: hell
     blond – rot

Lösung
Glück in Herzensdingen
große Freude

Ehefrau
Mutter
liebevolle ältere
Freundin
Mutterfigur

Typ: hell
     blond – rot

Wunscherfüllung
Fröhlichkeit

frohes Ereignis
kleines Glück

lediger Mann
Freund

Typ: hell
     dunkelblond – rot

Herzenswärme
kleine Freude

ledige Frau
Freundin

Typ: hell
     dunkelblond – rot

Nachricht
Finanzen

Kind
Glück
große Freude

Reichtum
Wohlstand
gutes Auskommen

positive Veränderung

Zugewinn
Überraschung
Schnelligkeit
plötzlich

Arbeit
Nachricht
Geschenk

kleines Geld
Nachricht

männlicher Verwandter
Bruder
Onkel
sehr guter Freund: zur
Familie gehörig
Arbeitskollege
hilfreiche Person
Amtsperson/Arzt

Typ: dunkelblond –
      dunkelbraun

weibliche Verwandte
Schwester
Tante
sehr enge Freundin: zur
Familie gehörig
Arbeitskollegin
hilfreiche Person
Amtsperson/Ärztin

Typ: dunkelblond –
      dunkelbraun

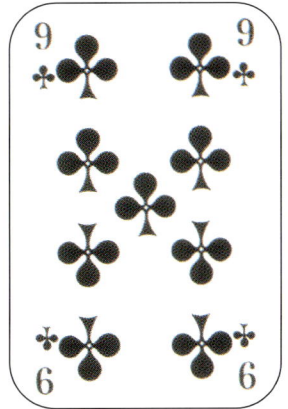

positive Veränderung

Amt
Behörde
neben Personenkarte:
gehobene Position, in der
Öffentlichkeit stehend
briefliche bzw. telefonische
Nachricht

kurzer Zeitraum,
bis zu 4 Monaten

Reise
Ausland
Wege
Entfernung

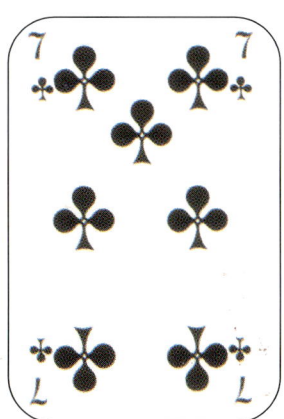

Verzögerung

Neuanfang
Umbruch
Ende

Gericht
Betrug
Vorsicht
Trennung

älterer Herr
Großvater
negative Person

Typ: dunkelbraun –
     schwarz

langer Zeitraum,
über 1 Jahr
Nacht
1 Tag
Jahresanfang
Jahresende

ältere Frau
Großmutter
negative Person

Typ: dunkelbraun –
     schwarz

schwerer Verlust
Falschheit
Unzufriedenheit

kleine Reise
Besuch
Treffen
Begegnung

kleiner Verlust
Ärger
Vorsicht
kleiner Kummer

Nach den Grundbedeutungen der Skatkarten, hier noch einige Hinweise zum effektiveren Lernen. Am besten nehmen Sie jetzt Ihre eigenen Skatkarten zur Hand und mischen diese ein paarmal gut durch, bis Sie das Gefühl haben, daß Sie Ihnen angenehm in der Hand liegen. Nehmen Sie dann vom Kartenstapel, das Deckblatt schaut nach oben, die erste Karte und legen Sie sie aufgedeckt vor sich auf den

Tisch. Nennen Sie jetzt laut die Bedeutung der Karte. Dies wiederholen Sie für jede einzelne Karte, bis Ihnen die Kartenaussagen ohne großes Zögern und Überlegen über die Lippen kommen.

Das Beherrschen der einzelnen Kartenaussagen ist aus zweierlei Gründen sehr wichtig. Zum einen stellt sich die Intuition bei späteren Deutungen erst dann ein, wenn man nicht mehr bewusst über die Bedeutungen einzelner Karten nachdenkt. Zum anderen erleichtert es das Lernen der im nächsten Kapitel folgenden Zweier-Kombinationen.

Mit den Zweier-Kombinationen verfahren Sie am besten genauso wie mit den Grundbedeutungen. Mischen Sie die Karten und legen Sie je zwei aufeinanderfolgende Karten nebeneinander vor sich auf den Tisch.

Wichtig ist, dass Sie auch hier so lange üben, bis Sie sich der Bedeutungen ohne Nachdenken erinnern.

Zur Überprüfung Ihres Wissens empfehle ich Ihnen eine besondere Übung. Nehmen Sie eine Person Ihres Vertrauens, die Ihnen abwechselnd eine einzelne Karte und eine Zweier-Kombination nennt. Versuchen Sie, sich nun die genannte Karte oder Kombination vor Ihrem geistigen Auge bildlich vorzustellen, und nennen Sie deren Bedeutung. Sollte Ihnen niemand zur Verfügung stehen, können Sie diese Übung auch allein durchführen, indem Sie eine Cassette mit allen möglichen Karten und Kombinationen besprechen und sich Ihre Antworten aufschreiben.

Zweier-Kombinationen

Herz As

in Verbindung mit

 kleines Glück
kleine Freude

 Traumhaus
Hochzeit
persönliche Wünsche
lassen sich verwirklichen

 eine Nachricht kommt ins Haus
man erfährt etwas

 Verlobung

 Lebensglück

 große Freude in Liebesangelegenheiten

 großer Wert des Hauses bzw. der Wohnung
man erhält eine größere Geldsumme
Haus-/Grundstückskauf

 freudiges Ereignis in der Familie

 etwas Unerwartetes kommt auf einen zu
Beschleunigung privater Belange möglich

 kleinere Geldeinnahmen
eine Nachricht kommt ins
Haus (man erfährt etwas)

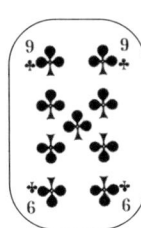 Veränderung der
Lebensumstände
Umzug

 Umbau
Umzug
Veränderung der Lebensumstände

 persönliche Zweifel

 Selbstständigkeit
Arbeit, die von zu Hause
aus erledigt werden kann

 private Belange verzögern sich

 Hochhaus
Hotel
öffentliche Gebäude

 Umbruch im Leben
privater Neubeginn

 Haus/Wohnung im Ausland bzw. weiter entfernt
Haus, das außerhalb steht
(Dorf, Einsiedelei)

mit Pik Bube: kein fester
Wohnsitz

 Verlust des Hauses/der
Wohnung
mit Kreuz Bube: Zwangsräumung
große persönliche Verluste

  mit Kreuz Bube: Altenheim, Pflegeheim

Herz Bube

in Verbindung mit

 persönlicher Kummer
Probleme in/mit Haus
bzw. Wohnung

  Hochzeit
große Freude in der
Familie
großer persönlicher
Erfolg

 Besuch kommt ins Haus

 Hochzeit

 kleinere häusliche Probleme
kleiner persönlicher
Kummer

 große persönliche Freude
Heiratsversprechen

 Verlobung
privates Glück

  Wunscherfüllung

  große Freude über eine Nachricht

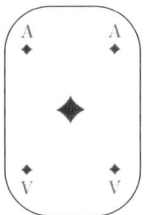 große Freude über eine Nachricht

 wunschgemäße Veränderungen
Wunsch nach Veränderungen

 Wunsch, der sich erfüllt
Kinderwunsch, der sich erfüllt

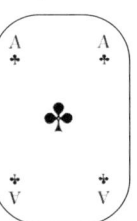 Traumberuf
große Freude an der Arbeit

 Geldwunsch, der sich erfüllt

 positive Nachricht, positives Gespräch
positive Behördennachricht

 schnelle Wunscherfüllung

 große Freude über eine Reise
Reise in Liebesangelegenheiten

 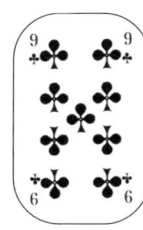 Wunsch nach Veränderung

  Wunsch geht bis Ende des Jahres in Erfüllung

 persönliche Anliegen lassen sich in den nächsten 3 bis 4 Monaten leicht bewältigen

 Liebeskummer
Wunsch, der sich nicht erfüllt

 Wunsch, der sich mit Verzögerung erfüllt

 große Freude über eine Begegnung

 Wunsch nach einem Neubeginn

 Traurigkeit

 Wunsch, der sich nicht erfüllt
Liebeskummer
Eifersucht

Herz 10

in Verbindung mit

 Verliebtsein

 Harmonie in der Familie
freudiges Ereignis

 freudige Nachricht
Nachricht in Herzensan-
gelegenheiten

 ein Herzenswunsch er-
füllt sich
große Freude
tiefe Liebe

 Freude über ein Kind
Glück in der Liebe

 Verlobung
große Freude

 Geld, das von Herzen
kommt

 große Liebe

 überraschende Freude
Flirt

  freudige Nachricht

  Veränderung aus Liebe
Veränderung nach
Wunsch

 Veränderung aus Liebe
positive Veränderung

 in den nächsten 3 bis 4
Monaten stehen die Mög-
lichkeiten in Liebesan-
gelegenheiten sehr gut

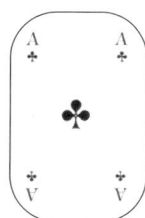 Arbeit, die man gerne
macht
Freude an der Arbeit

 Entfaltungsmöglichkei-
ten im privaten Bereich
sind zur Zeit blockiert

 Einladung
Verabredung
Verlobung

 Freude über Neuanfang
Ausgleich

 Reise in Liebesangele-
genheiten
Freude über eine Reise
schicksalhafte Reise

 Betrug im privaten Be-
reich
Ende einer Liebe

 Kummer, den man sich
zu Herzen nimmt
Eifersucht

Herz 9

in Verbindung mit

 Liebeskummer
Misserfolg

 Zufriedenheit mit sich
selbst
Freude
Liebe

 Verabredung
freudige Begegnung

 freudige Erwartung
große Liebe

 Traurigkeit

 Ausgeglichenheit
Harmonie
Liebe

 Wunscherfüllung

  Verliebtsein

  Freude über eine Nachricht

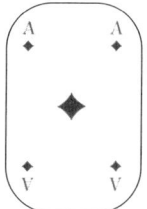 Freude über eine Nachricht

 eine gewollte Veränderung
Freude über eine Veränderung

 Kinderwunsch
großes Liebesglück

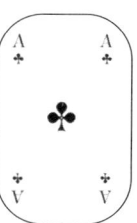 Arbeit, die man von Herzen gerne macht

 Freude über finanzielles Gelingen

 Freude über eine Nachricht, einen Anruf, eine Einladung
Verabredung

 Freude über eine Überraschung

 eine lang ersehnte Reise
Reise in Liebesangelegenheiten

 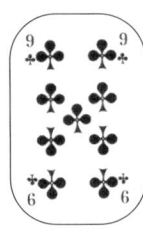 Freude über eine Veränderung
gewollte Veränderung
positiver Ausgang einer Veränderung

  Sorgen

 in den nächsten 3 bis 4 Monaten setzt man Wünsche und Ziele leichter durch bzw. um

 Kummer, der wieder vergeht

 das freie Entfalten der eigenen Persönlichkeit ist behindert bzw. erschwert

 Freude über einen Besuch

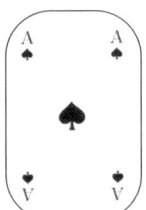 der Wunsch zum Neuanfang erfüllt sich

 Enttäuschung

 Wunsch, der sich nicht erfüllt
Liebeskummer

Herz 8

in Verbindung mit

  gutes Gelingen
Freude, Leichtigkeit

  kleine Freude in der Familie

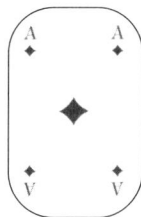 positive Nachricht

 wachsende Zuneigung/ Liebe

 gutes Gelingen
Freude über ein Kind

 aufkeimende Liebe

 größerer Geldzuwachs

 Verliebtheit

 überraschende Freude

  gute Nachricht
kleinerer Geldzuwachs
(der, je nach umliegenden Karten, auch ausbleiben kann)

 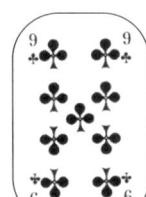 positive Veränderung

 kleine Veränderung, die Freude bringt

 Vorhaben stehen in den nächsten 3 bis 4 Monaten auf wackeligen Beinen

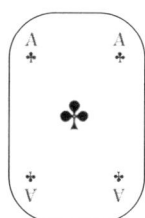 Freude an der Arbeit

 Freude, die noch auf sich warten lässt

 positive Nachricht
nettes Telefonat, netter Brief
positive Behördennachricht

 freudiger Neubeginn

 Freude über eine Reise

 Glück mit einer Gerichtssache bzw. Behördenangelegenheit, sofern die umliegenden Karten auch positiv sind

  romantischer Abend
störungsfreie Nacht

Herz 7

in Verbindung mit

 Scheitern eines
Vorhabens

  Freude
gutes Verstehen in der
Familie

 erfreulicher Besuch
nette Begegnung

 Freude
gutes Gelingen

 kleinerer Misserfolg

 Schüchternheit

 aufkeimende Liebe/Zu-
neigung

  kleine Freude

  gute Nachricht

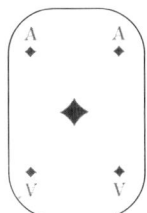 Freude über eine Nachricht

 erfüllte Liebe
erfüllte Sexualität
positive Veränderung

 Glück
große Freude

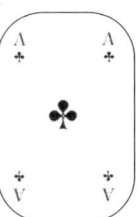 Freude an der Arbeit

 größerer Geldzuwachs

 positive Nachricht
netter Brief
freundliches Gespräch
positive Behördennachricht

 positive Überraschung

 glückliche Reise

 positive Veränderung

 gemütlicher Abend

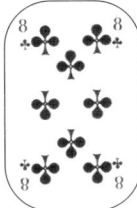 in den nächsten 3 bis 4 Monaten gelingt vieles leichter

 Enttäuschung

 für eine erfüllte Liebe, bzw. Sexualität braucht es noch ein wenig Zeit

 erfreulicher Besuch nette Begegnung

 positiver Neubeginn

 Sexualität, die keine Erfüllung bringt
Seitensprung
Betrug
gemischte Gefühle

 Missverständnis

Karo As

in Verbindung mit

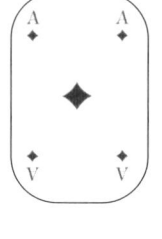 freudige Nachricht

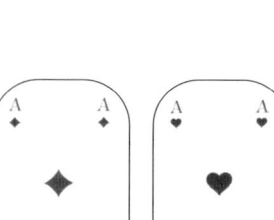 gute Nachrichten bezüglich der Familie
Glück

 gute, positve Nachricht

 Erfolg

 großes Glück
Nachricht über eine Schwangerschaft

 Erfolgsmeldung
finanzieller Erfolg

 großer Geldzugewinn

 Nachricht nach Wunsch, wie erwartet
Geldnachricht bringt Freude

 überraschende Nachricht

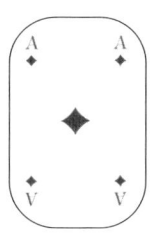  Nachricht über Dritte
Geldzuwachs

  Nachricht über eine
Veränderung
Nachricht, die eine
Veränderung bringt

 Nachricht über eine Ver-
änderung
kleiner Geldzuwachs

 Nachricht, die man in
den nächsten 3 bis 4
Monaten erhält

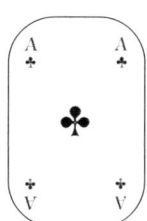 Nachricht, die die Ar-
beit betrifft

 Nachricht, die sich ver-
zögert

 Einladung
Behördenbrief

 Gedanken über einen
Neubeginn

 Nachricht, die aus der
Ferne kommt (auch Aus-
land)
Information über eine
Reise

 Gedanken über eine
Trennung, einen Betrug
oder eine Gerichtssache
Nachricht über eine
Trennung, einen Betrug
oder eine Gerichtssache

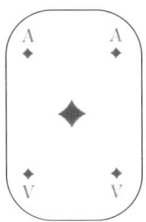  Nachricht, die man am Abend oder in der Nacht erfährt

Karo Bube

in Verbindung mit

 Nachricht über einen Verlust
sorgenvolle Nachricht
Nachricht, die nicht ankommt

  ein Kind kommt ins Haus
Geburt

 Besuch kündigt sich an
Terminvereinbarung

 Wunschkind
große Freude über einen Erfolg

 man bekommt kleinen Ärger
Kummer kündigt sich an

 glückliche Hand in finanziellen Dingen

 große Freude über ein Geschenk
großes Glück

  Glücksfall

  finanzielle Neuigkeiten
Erfolgsnachricht

 gutes Gelingen
Freude

 finanzielle Veränderungen
Kind bringt Veränderungen

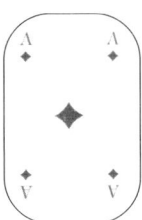 Nachricht von einem Kind
Nachricht über finanzielle Erfolge

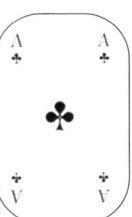 großes Glück/Erfolg mit der Arbeit
Arbeit im Finanzbereich

 Gewinn
große Einnahmen
Reichtum

 Finanzamt
Geld durch Amt oder Behörden

 schnelles Glück
plötzliches Glück
plötzlicher Erfolg

 großes Glück durch eine Reise
glückliche Reise

Kind bringt Veränderung
Erfolg wandelt sich (wo-
hin siehe umliegende
Karten)

 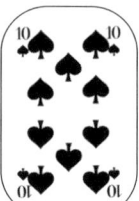

Glückstag

in den nächsten 3 bis 4
Monaten fallen viele Din-
ge in den Schoß
in den nächsten 3 bis 4
Monaten kündigt sich
eine Schwangerschaft an

es drohen Verluste
ein Kind, das Kummer
hat

der Erfolg lässt noch auf
sich warten

erfolgreiche Begegnung
Begegnung mit einem
Kind

Neubeginn durch ein
Kind
Neubeginn mit großem
Glück

kleinere Verluste
Glück/Erfolg ist getrübt

Trennung von einem
Kind
Erfolg droht zu scheitern
Glück verlässt einen

Karo 10

in Verbindung mit

 man ist finanziell zufrieden

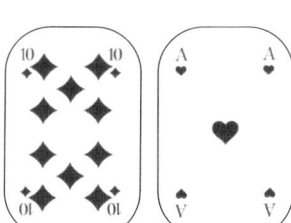 finanziell gut gestellte Familie

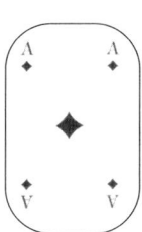 Finanzen sind in Ordnung

Finanzen sind gesichert

 wertvolle Nachricht
Nachricht über größeren Geldbetrag

 man wird im Leben Wohlstand erreichen

 Glück in finanziellen Dingen
mit Kreuz Bube:
Glück im Spiel
hoher Wert einer Sache
sehr hoher Geldbetrag

 man ist finanziell sehr zufrieden

 großer Geldbetrag, mit dem man nicht gerechnet hat
in Kürze größere Einnahmen

  Nachricht über größeren Geldbetrag

  Wertänderung finanzielle Situation verändert sich

 Veränderung der finanziellen Situation Wertänderung

 die nächsten 3 bis 4 Monate sind für Geldangelegenheiten günstig

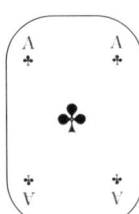 hoher Verdienst Beruf im Finanzbereich

 Geld, das noch auf sich warten lässt

 Geld über Amt/Behörde/Bank hochdotierter Vertrag Wertsendung

 finanzieller Neubeginn

 Reise in finanziellen Angelegenheiten um Geld zu verdienen ist man viel unterwegs

 große Geldverluste Fehlinvestitionen finanzieller Betrug

  Wohlstand im Leben ist ungewiss
finanzielle Situation ist ein ständiges auf und ab

Karo 9

in Verbindung mit

 finanzielle Verluste

  dringende Familienangelegenheiten

 Begegnung, bei der es um Geld geht
Geld, das man persönlich überreicht bekommt

 überraschendes Gelingen
unerwartete Freude

 man bekommt weniger, als erwartet

 plötzliche Liebe

 Situation kann schnell und gut gemeistert werden

  schneller Erfolg

  in Kürze erhält man eine Nachricht

 kleine Überraschung

 Veränderungen, mit de-
nen man nicht gerech-
net hat
Veränderungen lassen
sich schnell durchsetzen

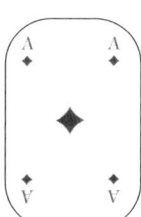 überraschende Nach-
richt
kurzfristige Mitteilung

 unerwartete Ereignisse
im Beruf

 unerwartete Schwanger-
schaft

 überraschende Nachricht
überraschender Brief
Behördenbrief kommt in
Kürze

 Geld, mit dem man nicht
gerechnet hat
schnelles Geld

 unerwartete Reise

  schnelle, unerwartete Veränderungen, die jedoch positiv sind
kurzfristige Änderungen sind von Vorteil

  Zeit, die schnell vergeht

 die nächsten 3 bis 4 Monate sind die Zeit schneller Entschlüsse
in den nächsten 3 bis 4 Monaten geht alles sehr schnell von der Hand

 unvorhergesehene Schwierigkeiten, die jedoch bewältigt werden können

 nicht überstürzt handeln

 unverhoffter Besuch

 schneller Neubeginn

 überraschender Kummer

 überraschender Behördenärger

Karo 8

in Verbindung mit

Informationen sollten zum eigenen Nutzen überprüft werden

persönliche Nachricht
Nachricht für die Familie

gute Nachricht

Erfolgsnachricht

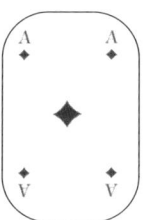

mehrere Nachrichten

große Freude über eine Nachricht

gute finanzielle Nachrichten
Nachricht über ein Kind

sehr positive Nachricht

Geldnachricht

  unerwartete Nachricht

  Nachricht über eine Veränderung
Nachricht, die Veränderungen bringt

 Nachricht über eine Veränderung
Nachricht, die eine Veränderung bringt

 Informationen, die man in den nächsten 3 bis 4 Monaten erhält, sollte man stets gut überprüfen

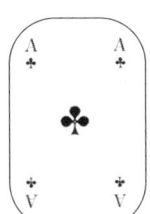 berufliche Nachricht

 eine Nachricht, die auf sich warten lässt

 Behördenbrief
Gespräch, Brief, Telefonat
Einladung

 Ausgleich
Nachricht über einen Neubeginn

 Nachricht über eine Reise

 zu erwartender Behördenärger
Nachricht über eine Trennung oder einen Betrug

  Nachricht, die man abends bzw. nachts erhält

Karo 7

in Verbindung mit

 Verlustnachricht
Nachricht, die Kummer bereitet

  positive Veränderung kommt ins Haus
kleiner Umzug (z.B. innerhalb des Hauses)

 Besuchsankündigung
Terminvereinbarung

 Veränderung bringt Erfolg
Veränderung verläuft wunschgemäß

 Nachricht, die kleine Sorgen bringt

 Veränderung ist richtig

 Veränderung ist erfolgreich

  geringe Veränderungen

  Veränderung kommt in Kürze

 Sexualität (positiv)
Veränderung ist gut

 Veränderung bringt kleinen finanziellen Zugewinn

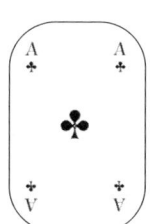 Veränderung führt zu neuer Erfahrung

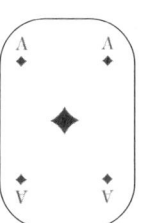 berufliche Veränderung

 Veränderung bringt Erfolg
finanzieller Aufschwung

 Veränderung bringt Anerkennung

 Veränderung bringt großen finanziellen Zugewinn

 Reisepläne verändern sich
Veränderung bringt eine Reise

 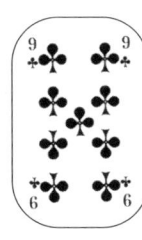 kleine Veränderungen

  Veränderung kommt über Nacht
Veränderung innerhalb eines Jahres

 in den nächsten 3 bis 4 Monaten ist die Zeit für Veränderungen günstig

 keine Veränderung möglich

 Sexualität
Veränderungen, die sich verzögern

 Terminänderung

 Veränderung bringt Neuanfang

 Sexualität ohne Liebe
Seitensprung
Veränderung mit Schwierigkeiten

 Veränderung bringt eine Trennung
Veränderung bringt Behördenärger
Veränderung bringt große Verluste

Kreuz As

in Verbindung mit

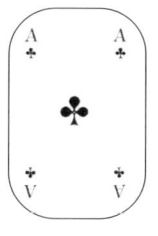 
keine beruflichen
Probleme
gute Arbeit

Selbstständigkeit
wichtige Nachrichten
stehen ins Haus

Ausgewogenheit im Be-
ruf/Arbeit

Traumberuf
Beruf ist Berufung
berufliche Wünsche er-
füllen sich

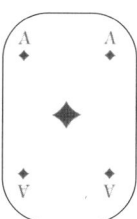
wichtige berufliche Nach-
richten

große Freude am Beruf
berufliches Gelingen in
beruflichen Dingen

Neugründung
Erfolg im Beruf

Spaß an der Arbeit
gutes Betriebsklima

Reichtum durch Arbeit
hohes Einkommen

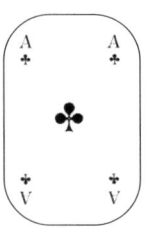  Arbeit, die man nur vorübergehend macht
Arbeit, die man in Kürze erhält

 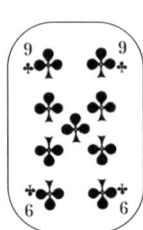 berufliche Veränderung

 geringes Einkommen

 in den nächsten 3 bis 4 Monaten ist die Zeit für berufliche Aktivitäten günstig

 Veränderungen innerhalb der Arbeit/des Berufes

 berufliche Angelegenheiten verzögern sich

 gehobene Position
Arbeit in der Öffentlichkeit
Beamtenstatus

 beruflicher Neubeginn

 Arbeit im Ausland
beruflich viel unterwegs

 Verlust der Arbeit (Kündigung)
Arbeitsgericht
Betrug/Verleumdung am Arbeitsplatz
berufliche Intrigen

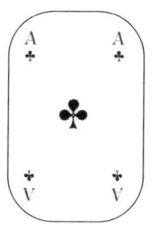 
Nachtarbeit
längere Berufserfahrung

Kreuz Bube

in Verbindung mit

Probleme mit der Arbeit

Behördennachricht
kommt ins Haus
Gespräche innerhalb des
Hauses/der Familie
Öffentliches Gebäude
Hochzeit

berufliche Begegnung/
Treffen
Begegnung auf der Arbeit

positiver Ausgang eines
Rechtstreits bzw. einer
Gerichtssache
positiver Vertragsabschluss
Verlobung, Taufe
Familienfeier

kleinere berufliche Sorgen

Hochzeit
erfolgreicher Vertragsabschluss

Verlobung, Taufe
Familienfeier
gelungener Auftritt

  Geburtstagsfeier
Party

  Behördennachricht mit
der man nicht gerechnet
hat
schneller Vertragsab-
schluss

 gute Nachricht
Vertrag ist in Ordnung

 positive Behörden-
nachricht
man erfährt etwas
Wichtiges

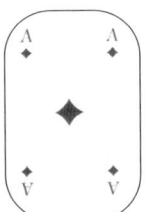 Aktien
Wertpapiere

 Vertrag bringt Verände-
rung
Vertragsänderung

 großes Glück durch ei-
nen Vertrag
mit hohen Herz Karten:
Taufe

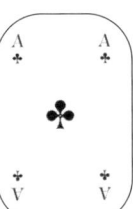 Arbeitsvertrag

 viel Geld durch einen
Vertrag
mit hohen Herz Karten:
Ehevertrag

 Fahrt mit öffentlichen
Verkehrsmitteln
(z.B. Zug)

  Vertragsänderung
Vertrag bringt Veränderung

  Krankenhaus
Altenheim
Pflegeheim

 in den nächsten 3 bis 4 Monaten ist die Zeit für Vertragsabschlüsse günstig

 Feier, die nicht stattfindet
Vertragsabschluss nicht möglich
Verlust von Dokumenten
Gespräch, das nicht zustande kommt

 ein Vertrag/ein Gespräch, der/das auf sich warten lässt

 Treffen in der Öffentlichkeit (z. B. Lokal)
mit Pik 10 und Pik Bube: Gefängnis

 Vertragserneuerung

 Vertrag, der Kummer bringt
Gespräch, das nicht zustande kommt
Gespräch, das nicht erfreulich ist

 Gerichtssache
Vertragsbruch
mit Pik 10: Gefängnis

Kreuz 10

in Verbindung mit

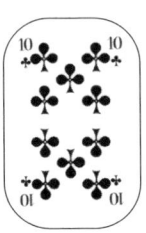 Reise ohne besondere Vorkommnisse

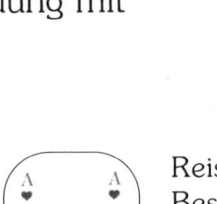 Reise führt zu einer Ehe
Besuch kommt ins Haus

 Reise verläuft gut

Reise in Liebesangelegenheiten
Wunsch nach (langersehnter) Reise erfüllt sich

 Eine Nachricht, die von weiter her kommt (auch Ausland)

 große Freude über eine Reise

 Kind, das entfernt von einem lebt
Kind macht eine Reise
großes Glück durch eine Reise

 sehr schöne Reise

 Reise in Geldangelegenheiten
Geld durch eine Reise

  eine plötzliche Reise
eine kurze Reise

  Reise bringt Veränderung
Umzug

 Informationsreise

 in den nächsten 3 bis 4 Monaten ist die Zeit für Unternehmungen und Reisen sehr günstig

 Reisepläne, die sich verändern
Reise, die Veränderung bringt

 Reise, die auf sich warten lässt
Reise, die sich verzögert

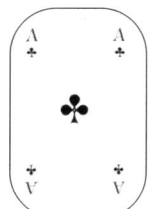 berufliche Reise

 Reise bringt Neubeginn

 Reise bringt Vertrag
Sprachreise

 Unfall
Betrug auf einer Reise

  Nachtfahrt

Kreuz 9

in Verbindung mit

 Reise, die nicht stattfindet

  Umzug
positive Veränderungen, die die Persönlichkeit betreffen

 mit weiteren Pik Karten:
Kuraufenthalt
Begegnung auf einer Reise

 Veränderung verläuft wie geplant
Veränderung bringt Erfolg

 Reise mit Hindernissen

 Veränderung bringt privates Glück

 Veränderung bringt Erfolg

  positive Veränderung

  unerwartete Veränderung
schnelle Veränderung

 kleine Veränderungen sind möglich

 Nachricht über eine Veränderung

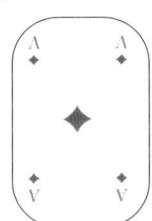 Veränderung kündigt sich an

 Veränderung ist positiv
Veränderung nochmal überdenken

 Veränderung bringt Zugewinn

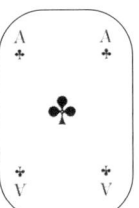 berufliche Veränderung
Veränderung wirkt sich im Beruf in der Arbeit aus

 Veränderung bringt größere Einnahmen
Wertsteigerung

 Veränderung führt zu einem Vertrag

  Veränderung führt zu einer Reise

  Veränderung, die sich einen längeren Zeitraum hinzieht

 in den nächsten 3 bis 4 Monaten ist die Zeit für Veränderungen günstig

 es sind viele Schwierigkeiten zu meistern, aber die Situation wendet sich zum Guten

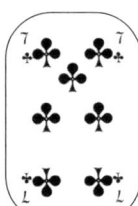 Veränderung, die auf sich warten lässt

 Terminänderung Veränderung bringt eine Begegnung

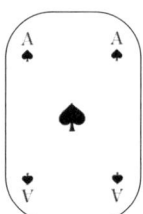 Veränderung bringt Neubeginn

 Veränderung gelingt nicht

 Veränderung bringt Behördenärger Veränderung bringt große Verluste

Kreuz 8

in Verbindung mit

  die nächsten 3 bis 4 Monate verlaufen positiv

  die nächsten 3 bis 4 Monate stehen im Zeichen der Familie

 die nächsten 3 bis 4 Monate geht alles seinen gewohnten Gang

 in den nächsten 3 bis 4 Monaten lassen sich viele Wünsche verwirklichen

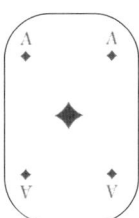 in Kürze (3 bis 4 Monate) kommen wichtige Nachrichten

 gute Flirtmöglichkeiten in den nächsten 3 bis 4 Monaten

 die nächsten 3 bis 4 Monate sind erfolgreich

 die nächsten 3 bis 4 Monate werden sehr schön

 größerer Geldbetrag kommt in den nächsten 3 bis 4 Monaten

  die nächsten 3 bis 4 Monate sind kurzweilig, vergehen im Fluge

  in Kürze (3 bis 4 Monate) steht eine Reise an

 etwas ist vage

 in den nächsten 3 bis 4 Monaten finden Veränderungen statt

 kleine Veränderungen in den nächsten 3 bis 4 Monaten möglich

 die nächsten 3 bis 4 Monate sind mit hohem Energieaufwand verbunden Ziele sind in den nächsten 3 bis 4 Monaten nur schwer zu erreichen

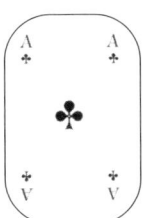 die nächsten 3 bis 4 Monate im Beruf

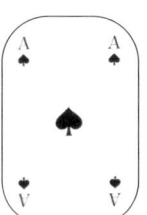 in den nächsten 3 bis 4 Monaten ist die Zeit für einen Neubeginn günstig

 in Kürze (3 bis 4 Monate) kommt eine amtliche Nachricht, Vertrag

 in den nächsten 3 bis 4 Monaten steht Behördenärger an
in den nächsten 3 bis 4 Monaten besteht erhöhte Gefahr Betrügereien aufzusitzen

  in den nächsten 3 bis 4 Monaten ist vermehrt mit Schlafstörungen zu rechnen

 in den nächsten 3 bis 4 Monaten ist vermehrt mit Stresssituationen zu rechnen

 in den nächsten 3 bis 4 Monaten sollte man zwischenmenschliche Kontakte pflegen

 in den nächsten 3 bis 4 Monaten will nichts so recht gelingen

Kreuz 7

in Verbindung mit

  ein anstehendes Ereignis verzögert sich

 Verzögerung löst sich zum gewünschten Zeitpunkt auf
Geduld führt zum Erfolg

 Hindernisse lösen sich in Wohlgefallen auf

 Hindernisse werden gut bewältigt

  Verzögerung ist wichtig

  Verzögerungen lösen sich schnell auf

 Sexualität langsames Aufeinanderzugehen

 Nachricht, die man verspätet erhält

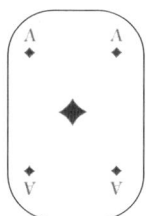 eine lang ersehnte Nachricht

 Sexualität Verzögerungen lösen sich auf

 ein lang ersehnter Erfolg

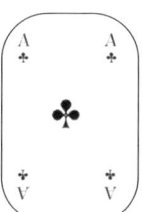 berufliche Verzögerungen

 größere Geldsumme, die man nach Verzögerungen bekommt

 verspäteter Brief Vertrag, der nachgereicht wird

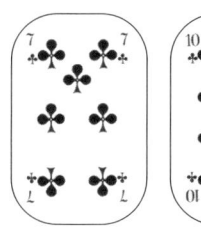  verspäteter Reiseantritt

  Verzögerungen halten sich über einen längeren Zeitraum

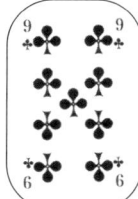 Verzögerung löst sich auf

 Verzögerung löst sich nicht rechtzeitig auf

 Verzögerung dauert noch 3 bis 4 Monate an

 Verspätung

 später Neubeginn

 Seitensprung Sexualität ohne Liebe Verzögerung, die Kummer bringt

 Fristversäumnis, die großen Ärger bringt

Pik As

in Verbindung mit

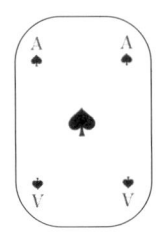
freudiger Neubeginn

Neubeginn im persönlichen Bereich

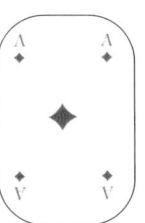
wiedererlangtes Glück
wiedererlangte Freude

erfolgreicher Neubeginn

Neubeginn im finanziellen Bereich
mehrere Nachrichten

privater Neubeginn

Neubeginn führt zu großem Glück, einem Kind

positiver Neubeginn

finanzieller Zugewinn

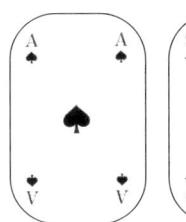  Neubeginn ist leicht,
kommt schnell

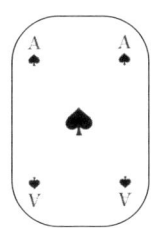  Neubeginn durch eine
Reise
mehrere Reisen

 teilweise Neubeginn

 Neubeginn bringt positive Veränderungen

 Neubeginn bringt Veränderung

 Neubeginn innerhalb der
nächsten 3 bis 4 Monate
möglich

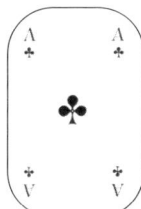 Neubeginn im Beruf

 Neubeginn verzögert
sich

 neue Verträge

 Magie (mit positiven Karten: weiße Magie
mit negativen Karten:
schwarze Magie)
aussichtslose Situation

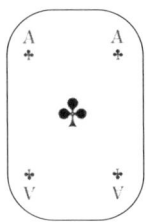  Neubeginn braucht
lange Vorbereitungszeit

Pik Bube

in Verbindung mit

 Neubeginn misslingt
gesundheitliche Proble-
me

  eine Trennung
Probleme in der Familie
(Vergangenheit), die im-
mer noch beschäftigen

 ein Wiedersehen
gesundheitliche Proble-
me

 Behördenärger, der sich
zum Guten wendet
ein Betrug, der aufge-
deckt wird

 Neuanfang mit Schwie-
rigkeiten
gesundheitliche Proble-
me

 Erfolg in einem Rechts-
streit
Wiedergutmachung

 Versöhnung
guter Ausgang einer
Gerichtssache

  Probleme durch eine Begegnung

  kurzfristige Probleme unvorhergesehener (Behörden-) Ärger

 Probleme lassen sich nur sehr schwer lösen

 gerichtliche Nachricht Behördennachricht

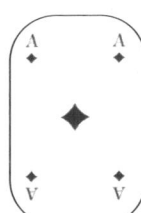 gerichtliche Nachricht ein Betrug wird aufgedeckt

 Behördenärger löst sich auf

 Pechsträhne geht zu Ende
großes Glück mit Behördenangelegenheiten

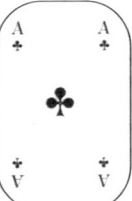 großer Ärger
Sorgen im Beruf
schwierige berufliche Vergangenheit

 Gerichtssache, bei der es um große Werte geht
Erbschaft

 Gericht als Gebäude
Gerichtsurteil
Testament

  große Schwierigkeit während einer Reise

  Krankenhaus
mit Pik 8: Gefängnis

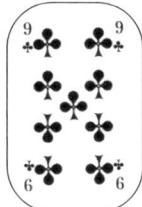 Ärger löst sich auf

 negativer Ausgang einer
Gerichtssache
schwerer Betrug
große gesundheitliche
Probleme

 Probleme halten auch die
nächsten 3 bis 4 Monate
noch an

 Begegnung vor Gericht
Begegnung bringt eine
Gefahr
Gefängnis droht
Pfändung
Beerdigung

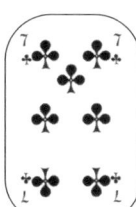 Gerichtstermin wird verlegt
Schwierigkeiten dauern
an
Behördenärger zieht sich
länger hin

 schwere Verluste
Gerichtssache mit negativem Ausgang

 schwarze Magie
mit positiven Karten: Unheil kann abgewendet
werden

Pik 10

in Verbindung mit

gute Gesundheit

man wohnt schon lange in diesem Haus, das kommende Jahr steht im Zeichen der Familie

ruhige Nacht

ein lang gehegter Wunsch

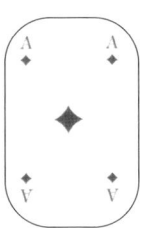
Befund (ärztlich)

Liebesnacht
positiver Lebensweg

man erfreut sich bester Gesundheit
Schwangerschaft innerhalb eines Jahres

romantischer Abend

im kommenden Jahr werden große Gewinne erzielt

  das kommende Jahr ver-
geht schnell
ein Jahr voller Überra-
schungen

  längere, größere Reise

 im kommenden Jahr wer-
den kleine Gewinne er-
zielt

 lange vorbereitete Ver-
änderung

 im kommenden Jahr sind
nur kleine Veränderun-
gen möglich

 die ersten 3 bis 4 Monate
im Jahr
bis zu 1 und ¼ Jahre

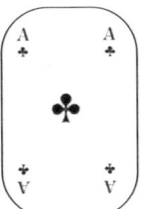 Berufliches wurde lang-
fristig geplant
beherrschendes Jahres-
thema: Beruf

 das Jahr schleppt sich
dahin
etwas verzögert sich um
ein Jahr

 Abendveranstaltung

 lange Vorbereitung trägt
Früchte
Neubeginn im kommen-
den Jahr

  Sanatorium
langwierige Gerichts-
sache
große gesundheitliche
Probleme
Krankenhaus

Pik 9

in Verbindung mit

 schwere Verluste
angegriffene Gesundheit

  Unzufriedenheit mit sich
selbst
Kummer, Sorgen in der
Familie

 Krankenhaus
nächtlicher Besuch

 Kummer, der sich auflöst
gesundheitliche Beschwer-
den, die vergehen

 Zeit, die nicht vergehen
will
geschwächte Gesundheit

 Kummer vergeht
Liebeskummer verblasst
schnell

 guter Ausgang einer
Sache
Kummer löst sich auf

  gesundheitliche Besserung
Lichtblick

  finanzieller Ausgleich innerhalb kurzer Zeit

 kleiner Lichtblick

 Aufwand größer als Einnahmen

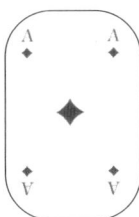 große Unruhe
Sorgen wegen einer Nachricht

 Verluste können ausgeglichen werden
Schwierigkeiten lösen sich auf

 Kummer über/durch ein Kind
kränkelndes Kind
ein Verlust kann zum Erfolg gewendet werden

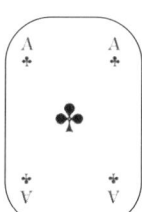 größerer Kummer im Beruf, Arbeit

 finanzielle Zugewinne mit Schwierigkeiten verbunden
großer finanzieller Aufwand

 Vertragsabschluß mit Schwierigkeiten
Feier/Veranstaltung mit Hindernissen

  Reise mit Hindernissen

  Betrug
große gesundheitliche
Probleme

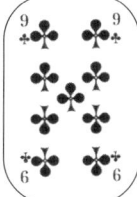 negative Situation wendet sich zum Guten

 unruhige Nacht
Schlafentzug

 Schwierigkeiten bleiben noch die nächsten 3 bis 4 Monate bestehen

 Begegnung mit Hindernissen

 Schwierigkeiten dauern noch an

 gesundheitliche Probleme
Verluste

 gesundheitliche Probleme
Neubeginn unter Schwierigkeiten

Pik 8

in Verbindung mit

  nette Begegnung

  Begegnung im Haus
Jemand kommt

 normale Begegnung

 Begegnung mit großer
Zuneigung
eine Begegnung bringt
Liebe

 durch eine Begegnung
erfährt man etwas

 sehr angenehmes Tref-
fen

 eine Begegnung bringt
sehr viele Vorteile
Begegnung mit einem
Kind

 freudiges Treffen

 Geld, das man persön-
lich erhält
Bargeld

  kurzweilige, überraschende Begegnung

  Kurzreise

 etwas ist vage
ohne Belang

 Begegnung bringt Veränderung

 Begegnung bringt Veränderung

 Treffen, das noch nicht sicher ist

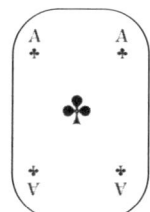 berufliche Begegnung

 Treffen, das verschoben wird

 Begegnung in der Öffentlichkeit
Einladung
Vertragsverhandlung

 gesundheitliche Probleme
Begegnung bringt Neuanfang

Krankenhaus
Begegnung, die nicht
stattfindet
Begegnung bringt
Schwierigkeiten

Pik 7

in Verbindung mit

Krankenhaus
tägliche Begegnung

kleiner Kummer im Haus

Begegnung, die nicht
stattfindet

kleiner Liebeskummer
Anstrengung bringt
Wunscherfüllung
Angst vor den eigenen
Wünschen

Begegnung, die nicht
stattfindet
Begegnung, die Kummer
bringt

ängstlich

Kummer löst sich auf

  Missgeschick mit positivem Ausgang

  vorübergehendes Unwohlsein

 Sexualität mit kleineren Problemen
Seitensprung

 Unsicherheit

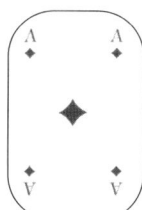 beunruhigt wegen einer Nachricht

 Sexualität ohne Liebe
kleinere Schwierigkeiten lösen sich auf
Seitensprung

 Erfolg trotz kleinerer Schwierigkeiten

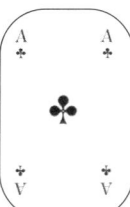 kleiner beruflicher Kummer

 nach kleineren Verlusten größerer Geldzugewinn
Wertsteigerung

 Streitgespräch

 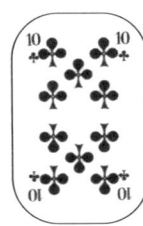 unsicher wegen einer Reise

  große gesundheitliche Probleme
schwere Verluste

 kleinere Schwierigkeiten lösen sich auf

 große gesundheitliche Probleme
nächtliche Störung

 kleinere Sorgen bleiben die nächsten 3 bis 4 Monate noch bestehen

 kleiner Kummer
sich Sorgen machen

 Kummer bleibt vorerst
Sexualität ohne Liebe
Seitensprung

 Angst vor einer Begegnung

 unsicher in Bezug auf einen Neubeginn

Besonderheiten

Die Siebener Karten

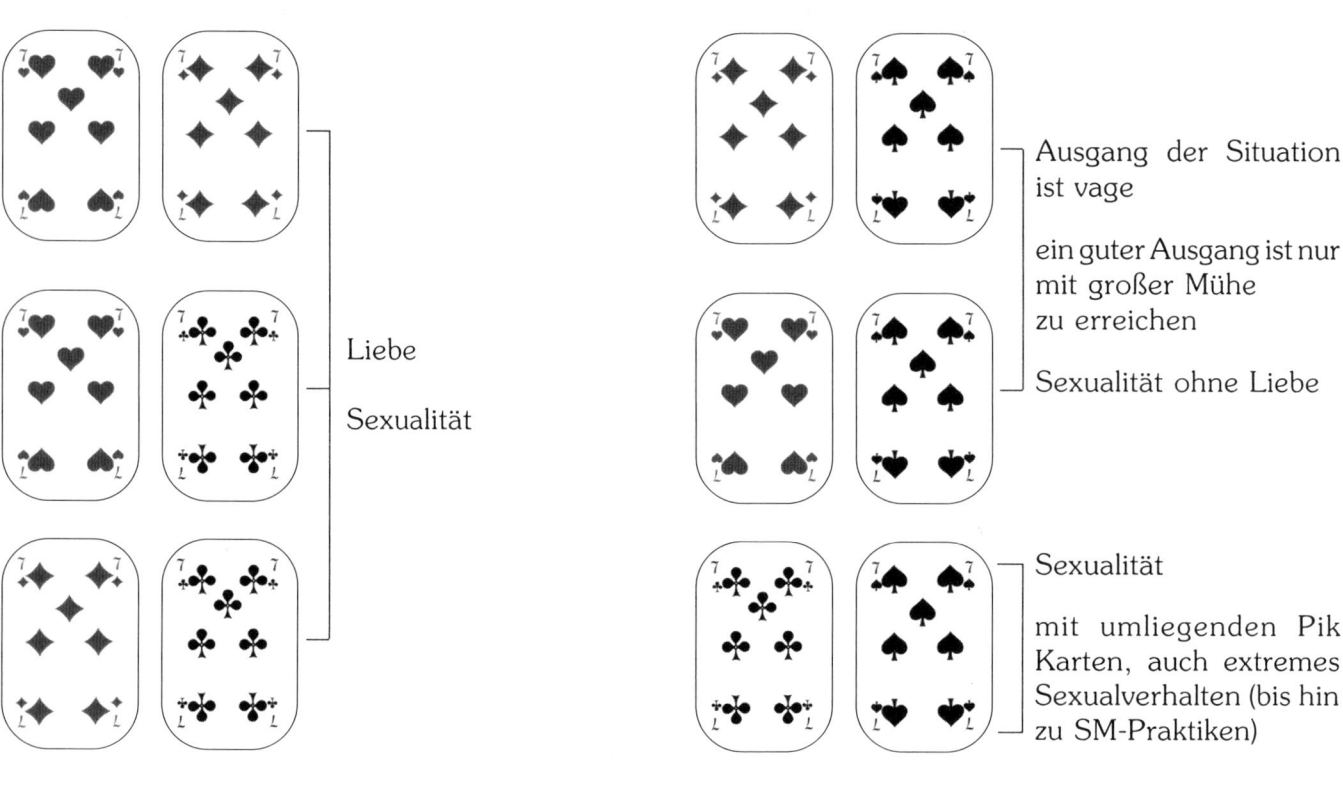

Liebe

Sexualität

Ausgang der Situation ist vage

ein guter Ausgang ist nur mit großer Mühe zu erreichen

Sexualität ohne Liebe

Sexualität

mit umliegenden Pik Karten, auch extremes Sexualverhalten (bis hin zu SM-Praktiken)

Die Achter Karten

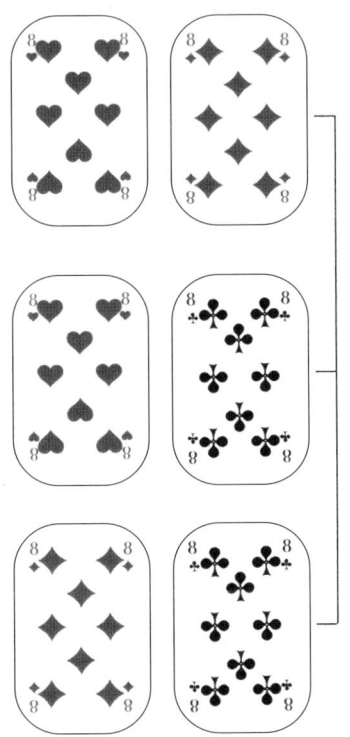

Ausgang einer Situation ist vage, kann jedoch zum Guten gewendet werden

Lösungsmöglichkeiten ergeben sich aus den umliegenden Karten

Ausgang einer Situation ist vage

ein guter Ausgang ist nur mit großer Mühe zu erreichen

welche Lösungsmöglichkeiten noch zur Verfügung stehen, erläutern die umliegenden Karten

Die Neuner Karten

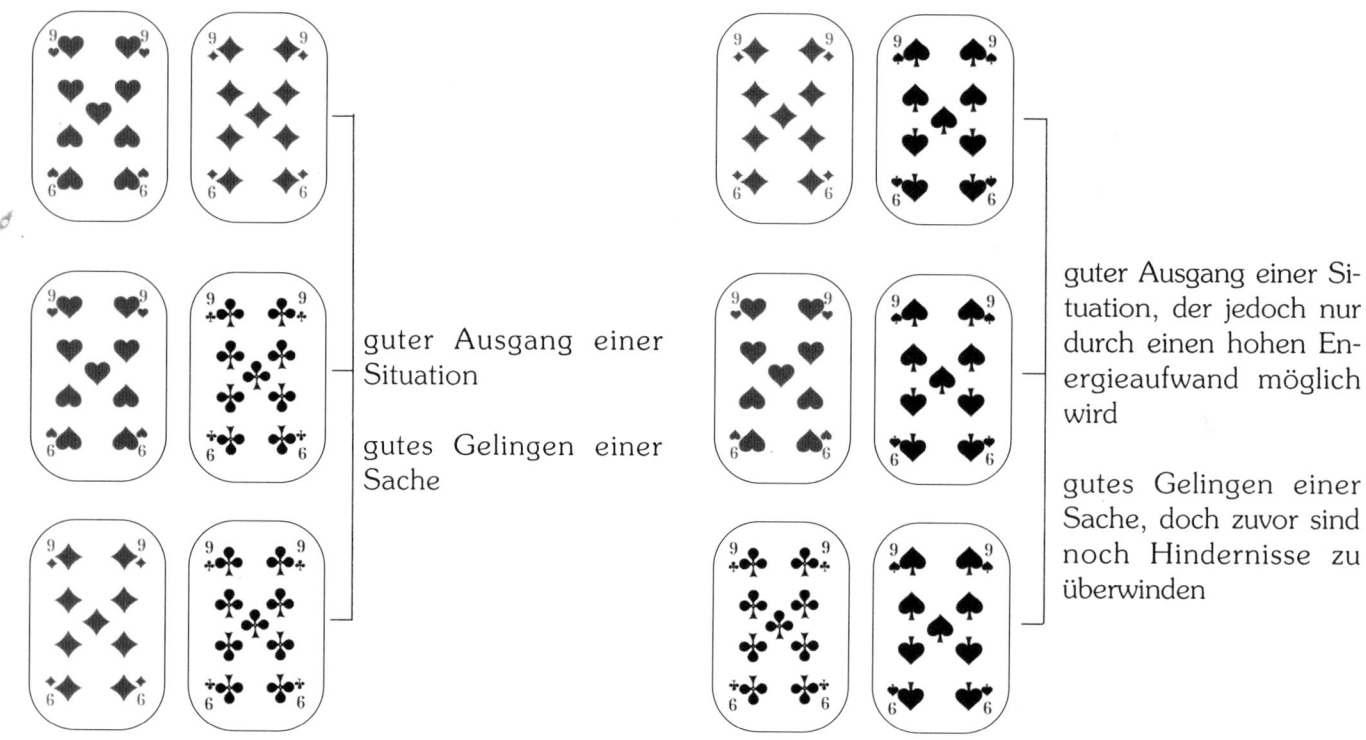

guter Ausgang einer
Situation

gutes Gelingen einer
Sache

guter Ausgang einer Situation, der jedoch nur
durch einen hohen En-
ergieaufwand möglich
wird

gutes Gelingen einer
Sache, doch zuvor sind
noch Hindernisse zu
überwinden

Die Zehner Karten

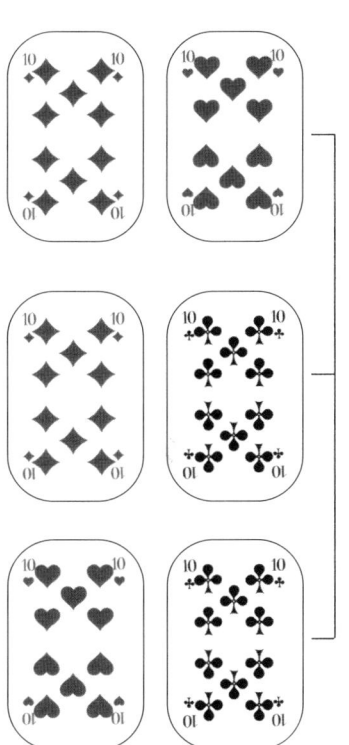

Schicksal mit positiver Entwicklung

umliegende Karten zeigen Lebensbereich auf, in dem das Schicksal positiv wirkt

Schicksal kann positiv oder negativ wirken, je nach umliegenden Karten

negativ mit Pik Karten

postiv mit Herz Karten

positiv mit Karo Karten

eine positive Entwicklung mit Kreuz Karten zu erreichen, erfordert einen hohen Kraftaufwand

Besondere Konstellationen

Bestätigung einer umliegenden Situation

Beachte: Gleichgültig in welcher Kombination drei Siebener Karten beieinander liegen, stets bestätigen sie eine umliegende Aussage (ja, so ist es)

Eine Situation, die im Moment noch vage erscheint, wird zur Gewissheit

Beachte: Gleich in welcher Kombination und direkter Lage die Achter Karten zueinander liegen, stets lassen sie eine umliegende Situation zur Gewissheit werden (ja, so wird es werden)

Rückzahlungen (Finanzen)

Positiv im Sinne von, jemanden etwas zurückgeben
Negativ im Sinne von, jemanden etwas heimzahlen

Beachte: Gleich in welcher Kombination drei Neuner Karten nebeneinander liegen, stets weisen sie auf eine der Formen von Rückzahlungen hin

Die verschiedenen Neunerkombinationen bergen auch stets einen Hinweis zu den Rückzahlungen in sich. Da gerade in der heutigen Zeit viele Fragen zum Thema Finanzen gestellt werden, soll hier etwas näher auf die Kombinationsbedeutungen der Neuner Karten im Bereich der finanziellen Rückzahlungen eingegangen werden

Herz 9 – Karo 9 – Pik 9	Rückzahlungen können nicht so schnell wie geplant geleistet werden	Kreuz 9 – Karo 9 – Herz 9	Kurzfristige Veränderungen erleichtern die Rückzahlung
Karo 9 – Herz 9 – Pik 9	Rückzahlungen können nicht in der gewünschten Höhe geleistet werden	Karo 9 – Kreuz 9 – Herz 9	Kurzfristige Veränderungen erleichtern die Rückzahlung
Karo 9 – Kreuz 9 – Pik 9	Schnellere Rückzahlung ist nicht möglich	Kreuz 9 – Pik 9 – Herz 9	Veränderungen erschweren die Rückzahlungen
Kreuz 9 – Karo 9 – Pik 9	Kurzfristige Veränderungen der Rückzahlungen sind nicht möglich	Pik 9 – Kreuz 9 – Herz 9	Bestehende Schwierigkeiten lösen sich auf. Rückzahlung wird leichter
Herz 9 – Kreuz 9 – Pik 9	Veränderungen der Rückzahlungen sind nicht möglich	Kreuz 9 – Herz 9 – Karo 9	Veränderung der Rückzahlung ist kurzfristig möglich
Kreuz 9 – Herz 9 – Pik 9	Veränderungen der Rückzahlungen sind nicht möglich	Herz 9 – Kreuz 9 – Karo 9	Veränderungen der Rückzahlung verkürzen die Rückzahlungszeit.
Pik 9 – Karo 9 – Herz 9	Überraschend auftauchende Schwierigkeiten bei den Rückzahlungen lösen sich schnell wieder auf	Kreuz 9 – Pik 9 – Karo 9	Keine Veränderung der Rückzahlungen, da sonst schnell Schwierigkeiten auftreten können
Karo 9 – Pik 9 – Herz 9	Überraschend auftauchende Schwierigkeiten bei den Rückzahlungen lösen sich wieder auf	Pik 9 – Kreuz 9 – Karo 9	Schwierigkeiten lösen sich auf, wodurch Rückzahlungen schneller zu leisten sind

Pik 9 – Herz 9 – Karo 9	Schwierigkeiten lösen sich auf, wodurch Rückzahlungen schneller zu leisten sind
Herz 9 – Pik 9 – Karo 9	Leichtsinn kann schnell zu Schwierigkeiten bei den Rückzahlungen führen
Pik 9 – Karo 9 – Kreuz 9	Überraschend auftauchende Schwierigkeiten bei den Rückzahlungen lösen sich schnell wieder auf
Karo 9 – Pik 9 – Kreuz 9	Überraschend auftauchende Schwierigkeiten bei den Rückzahlungen lösen sich wieder auf
Pik 9 – Herz 9 – Kreuz 9	Leichtsinn kann die Rückzahlungen gefährden
Herz 9 – Pik 9 – Kreuz 9	Leichtsinn kann die Rückzahlungen gefährden
Karo 9 – Herz 9 – Kreuz 9	Schnelle Entschlüsse erleichtern die Rückzahlungen
Herz 9 – Karo 9 – Kreuz 9	Schnelle Entschlüsse beschleunigen die Rückzahlungen

Höchste Glückskombination

Beachte: Gleichgültig in welcher Kombination und direkter Lage die vier Asse zueinander liegen, stets mildern sie alle umliegenden negativen Einflüsse stark ab, bzw. erhöhen die umliegenden positiven Einflüsse

Zeitkarten

Ein wichtiger Faktor im Leben eines Menschen ist die Zeit. Aus diesem Grund sieht sich ein Kartendeuter häufig mit folgenden Fragen konfrontiert: Wie lange dauert es noch? oder: Wann ist es soweit?

Auch die Beurteilung, ob ein Ereignis im Kartenbild in der Vergangenheit, der Gegenwart oder der Zukunft der fragenden Person liegt, bedarf der Frage nach einem Zeitraum. Anhaltspunkte hierfür geben die sogenannten Zeitkarten. Dennoch sollte man sich darüber im Klaren sein, dass die Frage nach der Zeit stets nur relativ sein kann.

Ereignisse und ihre Abfolge sind immer inneren und äußeren Einflüssen ausgesetzt, die zu zeitlichen Veränderungen führen können. Äußere Einflüsse unterliegen meist nicht der Entscheidungsgewalt einer Person, da sie vom Lebensablauf anderer Personen und deren Entscheidungen abhängig sind. Die inneren Einflüsse jedoch bestimmt jeder Mensch für sich selbst. Es unterliegt der Entscheidungsfreiheit eines jeden einzelnen, ob er eine ihm gebotene Möglichkeit nutzt oder nicht.

Doch gerade an diesem Punkt hat es der Mensch in der Hand, Zeiträume in seinem Leben zu verkürzen oder zu verlängern, oder auch hinauszuzögern. Beim Deuten der Karten ist es daher besonders wichtig, dass der Deuter bei der

Bestimmung von Zeiträumen auch das Lernvermögen und die Willenskraft der fragenden Person einbezieht. Gerade diese beiden Faktoren sind oft entscheidend daran beteiligt, ob eine getroffene Aussage später auch eintrifft oder nicht.

So liegt es mitunter nicht daran, daß ein Läufer ein Rennen nicht gewinnen kann, sondern er einfach nur zu faul ist zum Trainieren. Diese Faulheit jedoch ist ein Hindernis, das er sich selbst in den Weg legt, und das keinen äußeren Einflüssen unterliegt.

Karo 9

Die Karo 9 ist die Karte des kürzesten Zeitraumes

Grundbedeutung: ganz überraschend mit Schnelligkeit

Zeichenerklärung: Die Zahlen 1 bis 8 in den rechten unteren Ecken, geben die mögliche Position der Karo 9 anliegenden Kreuz 7 an

V = Vergangenheit

G = Gegenwart

Z = Zukunft

in Verbindung mit der Kreuz 7

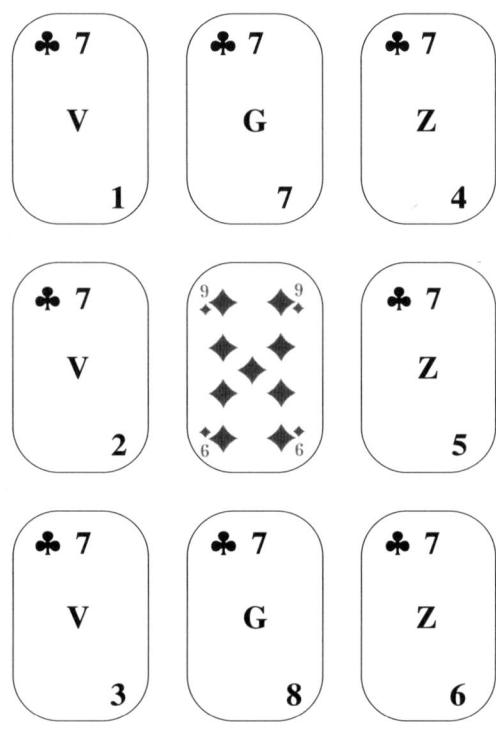

Bei Aussagen im Zusammenhang mit der Kreuz 7 in den Positionen der Vergangenheit, empfiehlt es sich, nach eventuell angezeigten Ursachen für die Verzögerung zu forschen, da sich hier oft Lerninhalte für die fragende Person ergeben.

In den Positionen der Gegenwart und Zukunft lässt sich oft durch das Beleuchten der Ursachen eine Möglichkeit zur schnelleren Auflösung der Verzögerung finden. Voraussetzung für das Gelingen ist jedoch das bewusste Handeln und der Wille der fragenden Person, Änderungen herbeizuführen.

in Verbindung mit der Kreuz 8

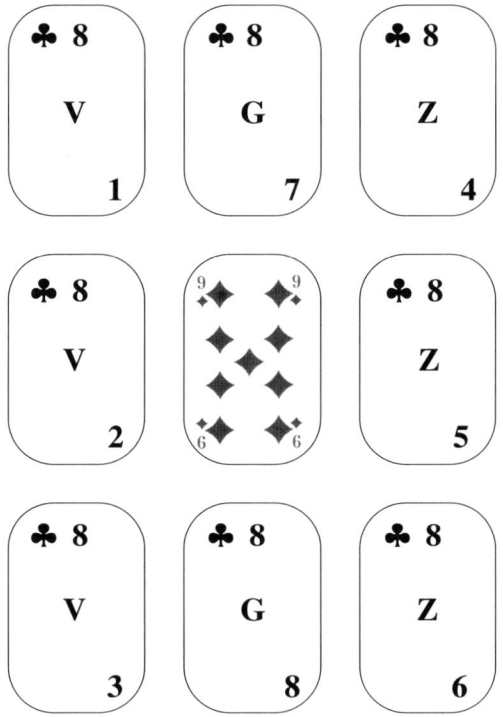

Bedeutungen der einzelnen Positionen

Position 1/2/3/7	Verzögerungen, die bereits bestehen, lösen sich schnell auf
Position 4/5/6	Es entstehen in Kürze bzw. ganz überraschend Verzögerungen
Position 8	Überstürztes Handeln führt zu Verzögerungen

Zeichenerklärung: Die Zahlen 1 bis 8 in den rechten unteren Ecken geben die mögliche Position der Karo 9 anliegenden Kreuz 8 an

V = Vergangenheit
G = Gegenwart
Z = Zukunft

Bedeutungen der einzelnen Positionen

Position 1/2/3   In den vergangenen 3 bis 4 Monaten ereignete sich Unerwartetes bzw. Überraschendes. Ein Zeitraum, der schnell verging

Position 4/5/6   In den kommenden 3 bis 4 Monaten ereignet sich Unerwartetes bzw. Überraschendes. Spontanität ist in den nächsten 3 bis 4 Monaten möglich

Position 7   Beschreibt einen Zeitraum von 3 bis 4 Monaten, der in der Vergangenheit begonnen hat, noch andauert und sehr kurzweilig ist

Position 8   Schnelles Handeln wirkt sich noch in den nächsten 3 bis 4 Monaten aus

in Verbindung mit der Pik 10

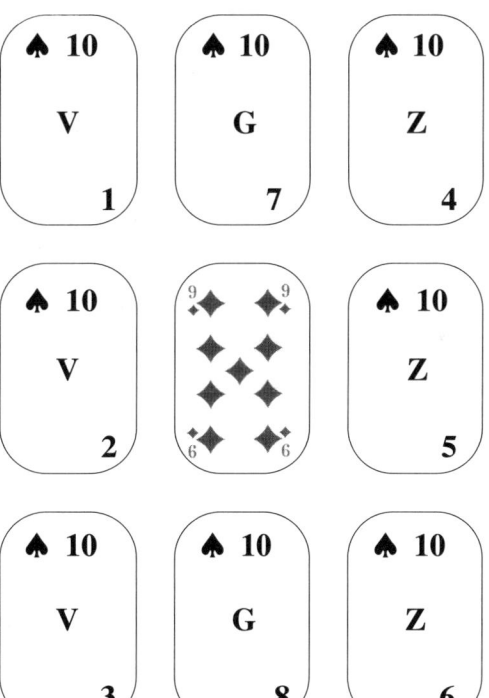

Zeichenerklärung: Die Zahlen 1 bis 8 in den rechten unteren Ecken, geben die mögliche Position der Karo 9 anliegenden Pik 10 an

V = Vergangenheit
G = Gegenwart
Z = Zukunft

Bedeutungen der einzelnen Positionen

Position 1/2/3	Beschreibt einen Zeitraum in der Vergangenheit, der schon länger zurückliegt und dessen Einflüsse bzw. Auswirkungen sehr bald spürbar werden
Position 4/5/6	Etwas Überraschendes, Unerwartetes ereignet sich bis Ende des Jahres. Die Zeit bis Ende des Jahres wird schnell vergehen
Position 7/8	Etwas kann täglich geschehen

Liegt die Pik 10 in Position 1, 2 oder 3 (Vergangenheit), geben die ihr anliegenden Karten auch Einblick in bestehende Lernprozesse der fragenden Person.

Zwar ist das Ereignis oder die Situation schon abgeschlossen, jedoch die darin bzw. dadurch gemachte Erfahrung gilt es, in einer kommenden (Karo 9) Situation anzuwenden.

Für den Deuter bietet sich hier die Möglichkeit, die fragende Person auf diesen Lernprozess hinzuweisen. Anhand der umliegenden Karten lässt sich erkennen ob und wenn ja, welche Unsicherheiten die fragende Person auf ihrem Weg zum Lernziel noch behindern.

Kreuz 7

Die Kreuz 7 ist die Karte der Verzögerung

Grundbedeutung:	Verzögerung ein Zeitraum, der noch andauert

In ihrer Deutung im Zusammenhang mit dem Faktor Zeit gilt es zu beachten:

in Verbindung mit der Karo 9

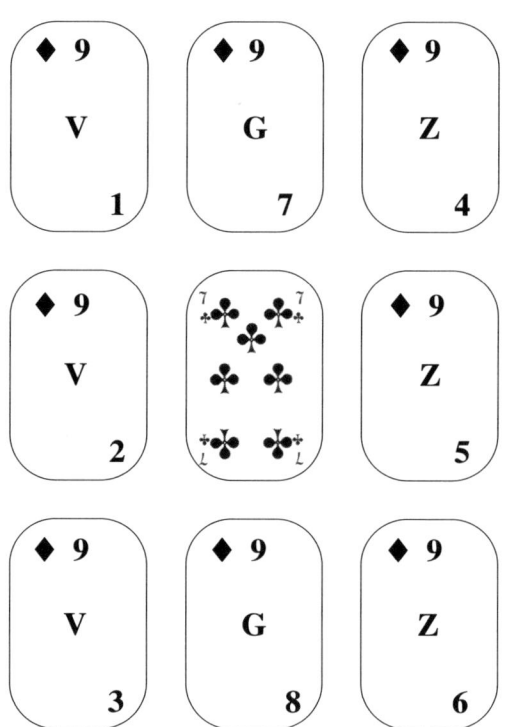

Zeichenerklärung

Die Zahlen 1 bis 8 in den rechten unteren Ecken, geben die mögliche Position der Kreuz 7 anliegenden Karo 9 an

V = Vergangenheit
G = Gegenwart
Z = Zukunft

Bedeutungen der einzelnen Positionen

Position 1/2/3   Ein noch nicht lange zurückliegendes Ereignis oder eine Situation dauert noch an. Kurzfristig geplante Unternehmungen verzögern sich

Position 4/5/6   Verzögerungen lösen sich rasch auf

Position 7   Überstürztes Handeln führt in der momentanen Situation zu Verzögerungen

Position 8   Mit den momentanen Verzögerungen wurde nicht gerechnet

in Verbindung mit der Kreuz 8

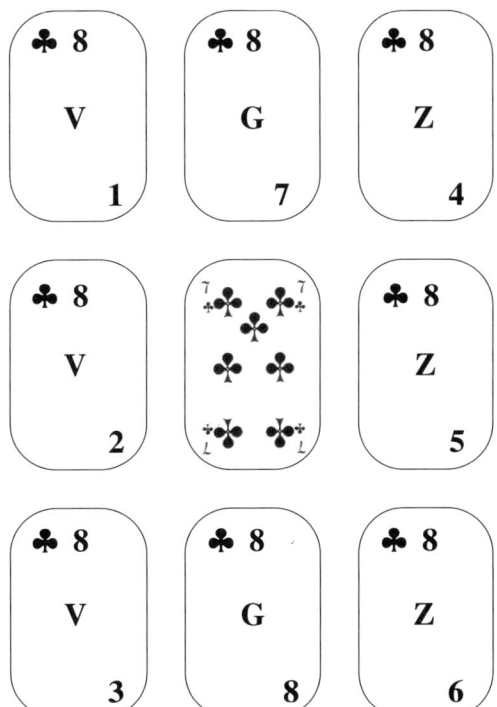

Zeichenerklärung:

Die Zahlen 1 bis 8 in den rechten unteren Ecken, geben die mögliche Position der Kreuz 7 anliegenden Kreuz 8 an

V = Vergangenheit
G = Gegenwart
Z = Zukunft

Bedeutungen der einzelnen Positionen

Position 1/2/3	Ein Ereignis, eine Situation, das/die schon 5 bis 6 Monate zurückliegt
Position 4/5/6	Verzögerungen halten auch die nächsten 3 bis 6 Monate noch an
Position 7	Etwas, das vor ca. 3 bis 4 Monaten begonnen hat, dauert noch an
Position 8	Momentanes Hinauszögern von Entscheidungen bzw. Handlungen führt in den nächsten 3 bis 6 Monaten zu erneuten Verzögerungen

in Verbindung mit der Pik 10

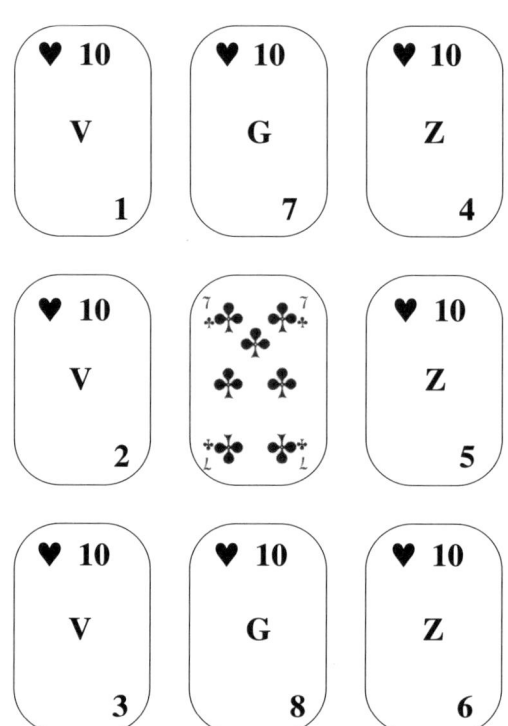

Zeichenerklärung: Die Zahlen 1 bis 8 in den rechten unteren Ecken geben die mögliche Position der Kreuz 7 anliegenden Pik 10 an

V = Vergangenheit

G = Gegenwart

Z = Zukunft

Bedeutungen der einzelnen Positionen

Position 1/2/3   Beschreibt einen Zeitraum in der Vergangenheit, der schon länger zurückliegt und dessen Einflüsse bzw. Auswirkungen auch noch länger anhalten werden

Position 4/5/6/8   Ein Ereignis, eine Situation verzögert sich noch bis Ende des Jahres

Position 7   Momentanes Hinauszögern von Entscheidungen bzw. Handlungen führen zu Verzögerungen, die bis ins kommende Jahr anhalten werden

In dem Fall, in dem die Pik 10 auf die Kreuz 7 trifft, ist es besonders wichtig, auf die Lernprozesse der fragenden Person zu achten. Schließlich geht es hier um relativ große Zeiträume, die sich bei fehlenden oder falschen Verhaltensweisen noch erheblich verlängern können.

Rechtzeitiges Erkennen und der richtige Umgang mit den gegebenen Lernprozessen kann der fragenden Person einen sogenannten »Umweg« von bis zu mehreren Jahren ersparen.

Kreuz 8

Die Kreuz 8 ist die Karte des kurzen Zeitraumes

Grundbedeutung: Ein Zeitraum von bis zu 4 Monaten

in Verbindung mit der Karo 9

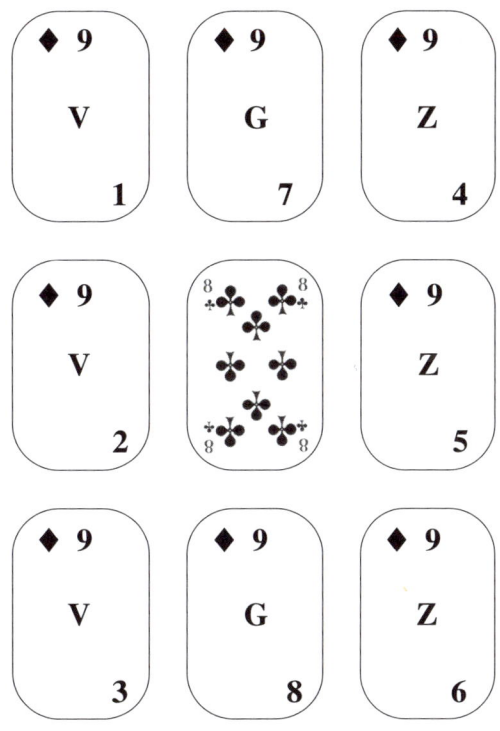

Zeichenerklärung:	Die Zahlen 1 bis 8 in den rechten unteren Ecken, geben die mögliche Position der Kreuz 8 anliegenden Karo 9 an

V = Vergangenheit

G = Gegenwart

Z = Zukunft

Bedeutungen der einzelnen Positionen

Position 1/2/3	Kürzlich Begonnenes zahlt sich in den nächsten 3 bis 4 Monaten aus

Position 7/8	Vorhaben sollten jetzt in die Tat umgesetzt werden, da ein schnelles Vorankommen möglich ist

Position 4/5/6	In den nächsten 3 bis 4 Monaten gelingen Vorhaben schneller und leichter

in Verbindung mit der Kreuz 7

Zeichenerklärung:	Die Zahlen 1 bis 8 in den rechten unteren Ecken, geben die mögliche Position der Kreuz 8 anliegenden Kreuz 7 an

V = Vergangenheit

G = Gegenwart

Z = Zukunft

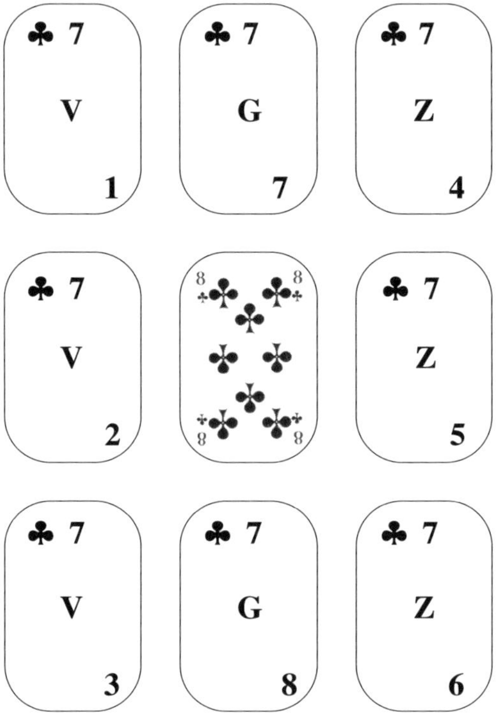

Bedeutungen der einzelnen Positionen

Position 1/2/3	Verzögerungen, die bereits bestehen, halten in den nächsten 4 Monaten an

Position 7/8	Ein Ereignis, das sich verzögert oder eine Handlung, die verschoben wird, bleibt langwierig

Position 4/5/6	In den nächsten 4 Monaten treten Verzögerungen auf

Die Kreuz 7 in der Position der Vergangenheit weist oft auf Versäumnisse der fragenden Person in ihren Handlungen hin. In der Gegenwart macht sie deutlich, wie wichtig ein entschlossenes Handeln ist, will man nicht unnötig Zeit verschwenden. In der Position der Zukunft ist es durchaus möglich, die angezeigten Verzögerungen zu vermeiden, es sei denn, die umliegenden Karten zeigen ein absolutes Nein an. Eine Veränderung ist nur mit einem erhöhten Energieaufwand möglich.

Zeichenerklärung:

Die Zahlen 1 bis 8 in den rechten unteren Ecken geben die mögliche Position der Kreuz 8 anliegenden Pik 10 an

V = Vergangenheit
G = Gegenwart
Z = Zukunft

in Verbindung mit der Pik 10

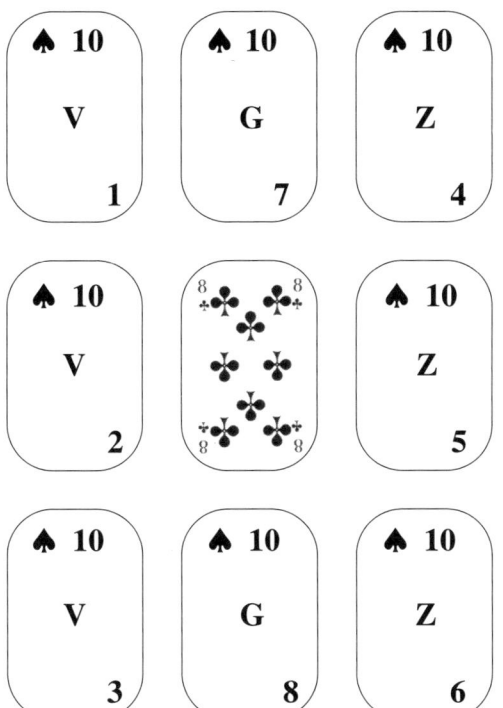

Bedeutungen der einzelnen Positionen

Position 1/2/3 — Beschreibt einen Zeitraum in der Vergangenheit, der schon länger zurückliegt und dessen Einflüsse bzw. Auswirkungen auch die nächsten 4 Monate noch andauern

Benennt auch den Zeitraum der ersten 4 Monate im kommenden Jahr

Position 7/8 — Ereignisse oder Situationen sind täglich oder innerhalb des nächsten Monats möglich

Position 4/5/6 — Was in den letzten 4 Monaten begonnen wurde, gelingt bis zum Ende des Jahres. Benennt auch den Zeitraum von den letzten 4 Monaten eines Jahres

Pik 10

Die Pik 10 ist die Karte des langen Zeitraumes

Grundbedeutung: Zeitraum von einem Jahr
oder länger

die Nacht

ein Tag

Jahreswechsel

in Verbindung mit der Karo 9

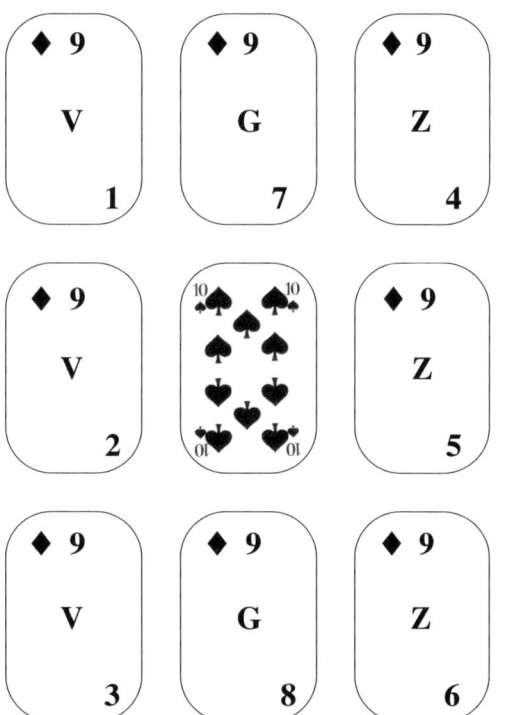

Zeichenerklärung: Die Zahlen 1 bis 8 in den rechten unteren Ecken, geben die mögliche Position der Pik 10 anliegenden Karo 9 an

Bedeutungen der einzelnen Positionen

Position 1/2/3   Etwas Überraschendes, Unerwartetes ereignet sich bis Ende des Jahres. Vorhaben, die man vor kurzem begonnen hat, erledigen sich leicht bzw. schnell im Zeitraum bis zum Ende des Jahres

Position 7   Vorhaben, die man jetzt beginnt, kann man bis zum Ende des Jahres mit geringem Energieaufwand erledigen. Etwas geschieht überraschend in der oder über Nacht

Position 8   Früh am nächsten Morgen etwas kann täglich geschehen

Position 4/5/6   Zu Beginn des nächsten Jahres sind Vorhaben sehr leicht zu erledigen. Etwas Überraschendes, Unerwartetes ereignet sich am Anfang des kommenden Jahres

Beachten Sie bitte bei der Pik 10 während der Deutung, immer den Bezug zu dem befragten Zeitraum herzustellen. Sehr leicht entstehen hier Missverständnisse. Im Zweifelsfall fragen Sie nach einem möglichst genauen Datum des Ereignisses. Liegt das Ereignis im Kartenbild vor der Pik 10, findet es statt, liegt es dahinter oder darunter, ist ein späterer Zeitpunkt wahrscheinlicher.

in Verbindung mit der Kreuz 7

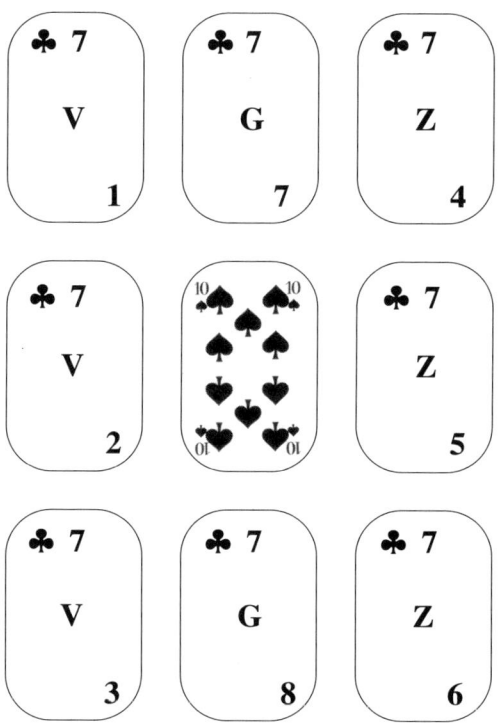

Zeichenerklärung:

V = Vergangenheit
G = Gegenwart
Z = Zukunft

Die Zahlen 1 bis 8 in den rechten unteren Ecken geben die mögliche Position der Pik 10 anliegenden Kreuz 7 an

Bedeutungen der einzelnen Positionen

Position 1/2/3	Die Verzögerung eines Ereignisses oder einer Situation hält noch bis Ende des Jahres an
Position 7	Spät in der Nacht
Position 8	Etwas verzögert sich um einen Tag
Position 4/5/6	Zu Beginn des kommenden Jahres gibt es Verzögerungen

in Verbindung mit der Kreuz 8

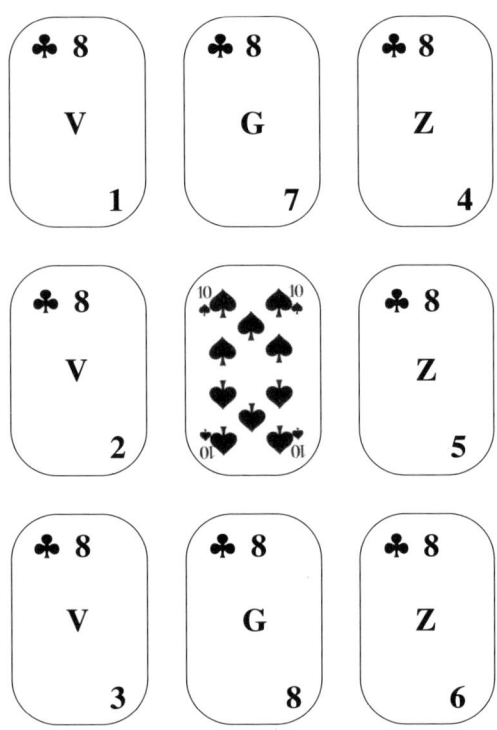

Bedeutungen der einzelnen Positionen

Position 1/2/3	Benennt den Zeitraum der letzten 4 Monate eines Jahres. Was in den letzten 4 Monaten begonnen wurde, gelingt bis zum Ende des Jahres
Position 7/8	Ereignisse oder Situationen sind täglich beziehungsweise innerhalb der nächsten 4 Monate möglich
Position 4/5/6	Beschreibt den Zeitraum der ersten 4 Monate im kommenden Jahr

Zeichenerklärung: Die Zahlen 1 bis 8 in den rechten unteren Ecken geben die mögliche Position der Pik 10 anliegenden Kreuz 8 an

V = Vergangenheit
G = Gegenwart
Z = Zukunft

Das Finden der richtigen Personenkarte für die Fragestellerin oder den Fragesteller

Die Altersbestimmung von Personen

verheiratete Frau
(bei in Scheidung lebenden Frauen gilt diese Karte
bis das Scheidungsurteil rechtskräftig ist)

verheirateter Mann
(bei in Scheidung lebenden Männern gilt diese Karte
bis das Scheidungsurteil rechtskräftig ist)

junge, ledige Frau
geschiedene Frau
(sofern das Scheidungsurteil rechtskräftig ist)
Witwe

junger, lediger Mann
geschiedener Mann
(sofern das Scheidungsurteil bereits rechtskräftig ist)
Witwer

Grundbestimmung

Karo König / Karo Dame   Alter bis 30 Jahre

Kreuz König / Kreuz Dame   Alter bis 40 Jahre

Herz König / Herz Dame   Alter ab 40 Jahre

Pik König / Pik Dame   Alter ab 50 Jahre

Berechnung

Bei der Berechnung einer genaueren Altersangabe der einzelnen Personenkarten gilt:

• anliegende Herz Karten erhöhen je nach Wertigkeit das Alter der Person um bis zu 5 Jahre

• anliegende Karo Karten verjüngen je nach Wertigkeit das Alter der Person um bis zu 10 Jahre

• anliegende Kreuz Karten bestätigen das Grundalter der Person und schwächen je nach Wertigkeit umliegende Karten in ihrer Aussage um bis zu 5 Jahren ab

• anliegende Pik Karten erhöhen je nach Wertigkeit das Alter der Person um bis zu 10 Jahre

Liegen neben der Personenkarte verschiedene Kartensymbole bzw. Farben, so ermittelt man zuerst den erhöhten Wert und zieht den niedrigeren davon ab. Den so erhaltenen Mittelwert addiert man dem Grundalter der jeweiligen Personenkarte hinzu.

Beachte:
Die Zahlenwerte 7, 8 und 9 zeigen eine Erhöhung bzw. eine Verringerung des Alters um bis zu 5 Jahren an.

Der Zahlenwert 10, Bube, Dame, König und As zeigen eine Erhöhung bzw. eine Verringerung des Alters um bis zu 10 Jahren an.

Der Zahlenwert 9, der den Übergang zwischen niederwertigen und höherwertigen Karten darstellt, halbiert den Wert einer höherwertigen Karte (Kreuz 9 und Karo 9, den von Pik und Herz Karten sowie Herz 9 und Pik 9, den von Kreuz und Karo Karten).

Asse verdoppeln die Wertigkeit anliegender Karten.

Beispiele

Grundalter des Herz Königs ab 40 Jahre

Herz 7 erhöht das Alter leicht (niedriger Zahlenwert) um ca. 2 Jahre

Pik Bube erhöht das Alter um bis zu 10 Jahre

Karo 9 verringert das Alter leicht (niedriger Zahlenwert) und halbiert den Wert des Pik Buben auf ca. 5 Jahre

40 Jahre + 2 Jahre + 5 Jahre = 47 Jahre

Berücksichtigt man nun noch die Verjüngung des Alters durch die Karo 9, so liegt das tatsächlich errechnete Alter des Herz Königs zwischen 42 bis 47 Jahren.

Grundalter des Karo Königs bis 30 Jahre

Karo 10 verringert das Alter um bis zu 10 Jahre

Herz 9 erhöht das Alter leicht (niedriger Zahlenwert) und halbiert den Wert der Karo 10 auf ca. 5 Jahre

Pik Dame erhöht das Alter um bis zu 10 Jahre

30 Jahre - 5 Jahre + 10 Jahre = 35 Jahre

Berücksichtigt man nun noch die Erhöhung des Alters durch die Herz 9, liegt das Alter des Karo Königs zwischen 35 bis 40 Jahren.

Die Gesundheit in den Karten

Legesystem

Zuerst wählt man die dem Fragenden entsprechende Personenkarte aus und legt sie auf. Die restlichen Karten werden nach dem Mischen in folgender Reihenfolge aufgelegt:

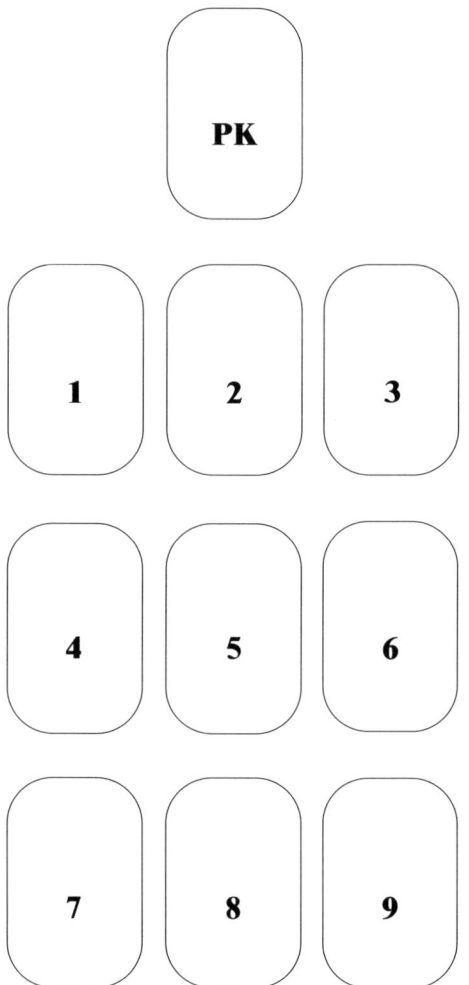

Die Frage ist: Wie geht es in der nächsten Zeit gesundheitlich bei der fragenden Person weiter?

Wie sieht es momentan gesundheitlich bei der fragenden Person aus?

Aufteilung der Symbole beziehungsweise der Farben

Der Gesundheitsbereich teilt sich in 4 Farben mit den dazugehörenden Symbolen auf. Jedem Symbol bzw. jeder Farbe werden mehrere Bereiche des menschlichen Körpers zugeordnet.

Kreuz Karten
Sie stehen für   Knochen
Muskeln
Lunge, Atemwege

Kreuz Karten beziehen sich hauptsächlich auf den Bewegungsapparat des Körpers, Ausnahme bildet hier die Lunge.

Pik Karten
Sie stehen für   innere Organe (Leber, Niere usw.), Darm, Zysten, Tumore Hämatome

Pik Karten beziehen sich hauptsächlich auf die inneren Bereiche des Körpers. Ausnahmen bilden hier Zysten, Tumore und Hämatome, die als nicht dem Körper zugehörig betrachtet werden.

Herz Karten

Sie stehen für   Blut
                     Herz
                     Kreislauf
                     Genitalbereich

Herz Karten beziehen sich hauptsächlich auf die Bereiche des Körpers, die mit Blut zu tun haben. Ausnahme ist hier der Genitalbereich.

Karo Karten

Sie stehen für   Zähne
                     Nerven
                     Augen
                     Ohren
                     Diabetes

Die Karo Karten beziehen sich hauptsächlich auf den Bereich des Kopfes. Ausnahme bildet hier die Diabetes.

Wichtig!
Geht es um die Gesundheit eines Menschens, erfordert die Deutung der Karten ein hohes Maß an Verantwortung.

Deshalb sollte man es zu keinem Zeitpunkt versäumen, den Betreffenden auf die Notwendigkeit eines Arztbesuches hinzuweisen. Dies gilt auch für Fälle, in denen das Kartenbild keine größeren gesundheitlichen Beschwerden aufzeigt. Hier gilt: Vorsorge ist besser als Nachsorge!

Das Erkennen von einzelnen Krankheitsbildern

Die Wertigkeit der einzelnen Karten

7
8   niedrige Wertigkeit (nW)
9

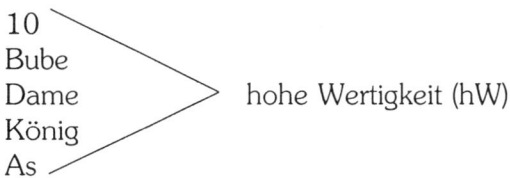

10
Bube
Dame   hohe Wertigkeit (hW)
König
As

Die Wertigkeit der Karten in Kombinationen

Karten (nW), umgeben von Karten (hW)
Wertigkeit der Karten (nW) erhöht sich

Karten (hW), umgeben von Karten (hW)
Wertigkeit der Karten (hW) erhöht sich

Karten (nW), umgeben von Karten (nW)
Wertigkeit der Karten (nW) beibt gleich

Karten (hW), umgeben von Karten (nW)
Wertigkeit der Karten (hW) verringert sich

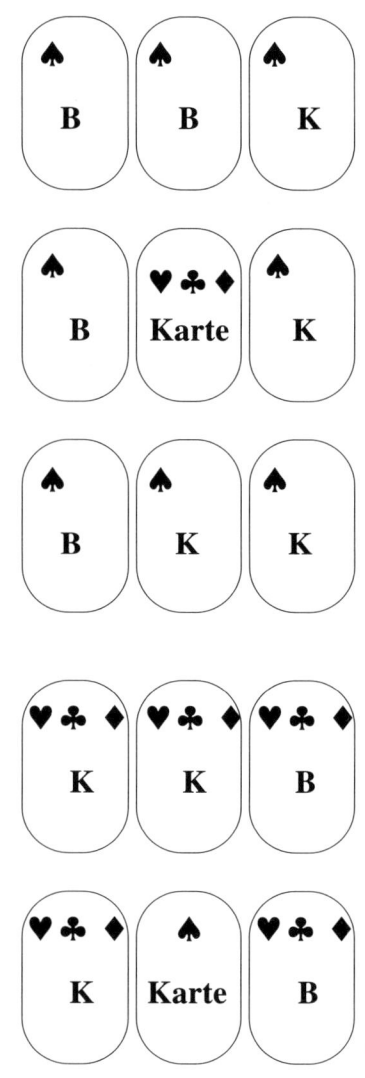

Die Lage der Herz, Kreuz und Karo Karten

Zeichenerklärung:

♥ ♣ ♦	Position der jeweiligen Herz, Kreuz oder Karo Karte
♠	Mögliche Position einer Pik Karte
B	Position der Pik Karte zeigt eine Besserung des Gesundheitszustandes an
K	Position der Pik Karte zeigt gesundheitliche Beschwerden (Krankheit) an

Beachte: Je höher die Wertigkeit der Pik Karten, desto größer sind die Beschwerden.

Die Lage der Pik Karten

Zeichenerklärung:

♠	Position der jeweiligen Pik Karte
♥ ♣ ♦	Mögliche Position einer Herz, Kreuz oder Karo Karte
B	Position der Herz, Kreuz oder Karo Karte zeigt eine Besserung des Gesundheitszustandes an
K	Position der Herz, Kreuz oder Karo Karte zeigt gesundheitliche Beschwerden (Krankheit) an

Beachte: Je höher die Wertigkeit der Herz, Kreuz oder Karo Karten, desto größer stellt sich die gesundheitliche Besserung dar.

Einzelne Gesundheits- und Krankheitsbereiche

Zuordnung der betreffenden Karten aus dem Gesundheitsbereich

das Herz	Herz Karte(n) mit: hoher Wertigkeit
der Kreislauf	Herz Karte(n) mit: niedriger Wertigkeit
die Knochen	Kreuz Karte(n) mit: hoher Wertigkeit
die Organe	Pik Karte(n) mit: hoher Wertigkeit
die Zähne und Nerven	Karo Karte(n) mit: niedriger Wertigkeit
Zysten und Myome (gutartig)	Pik Karte(n) mit: niedriger Wertigkeit

Beachte:

Die Wertigkeit der Herz, Kreuz, Karo und Pik Karten bestimmt die Wertigkeit der Funktion für den Körper.

Eine niedrige Wertigkeit bedeutet somit, dass dieser Gesundheitsbereich eine geringere Wertigkeit für die Funktion des Körpers darstellt.

Eine hohe Wertigkeit bedeutet somit, dass dieser Gesundheitsbereich eine höhere Wertigkeit für die Funktion des Körpers darstellt.

Die einzelnen Gesundheitsbereiche gliedern sich zusätzlich noch innerhalb ihrer Wertigkeit auf.

Beispiele

- das Herz
  - Herzfunktion
  - Herzklappen
  - Herzrhythmus
  - Blutdruck
  - usw.

- die Knochen
  - Schädel
  - Wirbel
  - Rippen
  - Beine
  - usw.

Je nachdem in welcher Kartenkombination die einzelnen Karten auftreten, werden sie ihrer Wertigkeit entsprechend den einzelnen Bereichen zugeordnet. Welche Bereiche das sind, erkennt man anhand der anliegenden Karten, die durch ihre Farben bzw. Symbole den jeweiligen Bereich kennzeichnen.

Nehmen wir als Musterbeispiel die Kombination Kreuz 10 / Pik Bube. Sie weist auf einen Knochenbruch hin.

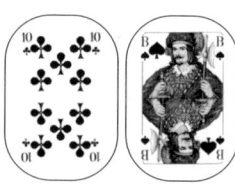
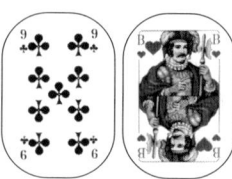

Die Kreuz 9 unterstützt die Kreuz 10 in ihrer Wertigkeit und verweist zusammen mit dem Herz Buben, der auf Grund seiner hohen Wertigkeit in den Bereich des Herzens gehört, auf einen Knochenbruch im Bereich des Herzens hin. (Rippenbruch)

Zusätzlich gibt der Herz Bube, da er nach dem Pik Buben steht, den Hinweis auf eine gute Heilung des Bruchs.

Die Kombination Pik Bube / Kreuz 9 weist jedoch darauf hin, dass dieser Unfall (Kreuz 10 / Pik Bube) zu verhindern wäre (Kreuz 9 = Veränderung).

Bevor man sich an das Deuten von Krankheiten macht, sollte man sich im Klaren darüber sein, welch große Verantwortung man für seinen Gegenüber übernimmt. Durch unüberlegte Aussagen, kann man andere sehr schnell in Verwirrung oder noch schlimmer, in sehr große Angst und Panik versetzen. Um diese Gefahr klein zu halten, sollte der noch Ungeübte seine Deutung auf den allgemeinen gesundheitlichen Bereich des Problems bzw. der Beschwerden beschränken und seinen Gegenüber zur genaueren Kontrolle auf den Arzt verweisen.

So sollte man eine Aussage wie: »Sie haben wahrscheinlich bald einen Herzinfarkt« vermeiden und die fragende Person lieber mit dem Hinweis: »Es wäre im Moment sehr angebracht einen Gesundheitscheck beim Arzt machen zu lassen, um größeren Beschwerden im Bereich des Kreislaufs vorzubeugen« beraten.

Ebenfalls von Vorteil ist es, sich unabhängig vom Kartenlegen mit der Entstehung und dem Verlauf einzelner Krankheitsbilder zu beschäftigen. Dies erleichtert nicht nur, die Zusammenhänge im Kartenbild besser zu erkennen, sondern hilft auch dabei, die Situation, in der sich der Fragesteller befindet, besser zu verstehen. Dies wiederum macht es einem auch leichter, für den Fragesteller verständlichere Erklärungen zu seinen Möglichkeiten, die Situation betreffend, zu finden.

Beispiele aus dem Krankheitsbereich

Herzprobleme	Herz Karte(n) mit hoher Wertigkeit mit Pik Karte(n) von hoher Wertigkeit umgeben
Kreislaufprobleme	Herz Karte(n) mit hoher Wertigkeit mit Pik Karte(n) von niedriger Wertigkeit umgeben
	oder
	Herz Karte(n) mit niedriger Wertigkeit mit Pik Karte(n) von niedriger Wertigkeit umgeben

Knochenbruch	Kreuz Karte(n) mit hoher Wertigkeit mit Pik Karte(n) von hoher Wertigkeit umgeben
Verstauchungen	Kreuz Karte(n) mit niedriger Wertigkeit mit Pik Karte(n) von niedriger Wertigkeit umgeben *oder* Kreuzkarte(n) mit hoher Wertigkeit mit Pik Karte(n) von niedriger Wertigkeit umgeben
Diabetes (Zuckerkrankheit)	Karo Karte(n) mit hoher Wertigkeit mit Pik Karte(n) von hoher Wertigkeit umgeben *oder* Karo Karte(n) mit hoher Wertigkeit mit Pik Karte(n) von niedriger Wertigkeit umgeben

Die Wertigkeit der Pik Karten bestimmt die Heftigkeit der Beschwerden bzw. Krankheiten. Eine niedrige Wertigkeit bedeutet somit eine in diesem Gesundheitsbereich geringere Beeinträchtigung der Gesundheit. Eine höhere Wertigkeit bedeutet somit eine in diesem Gesundheitsbereich größere Beeinträchtigung der Gesundheit.

Legebeispiel

Fragesteller:	Mann, verheiratet
Frage:	Wie geht es gesundheitlich bei mir weiter?

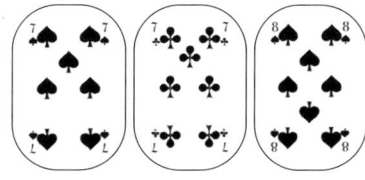

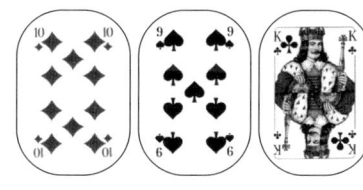

Bei Fragen nach der Entwicklung einer bestehenden Situation ist es immer wichtig, sich zuerst mit der momentanen Lage vertraut zu machen. Darüber gibt die folgende Kartenkombination Auskunft.

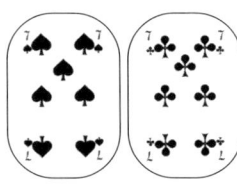

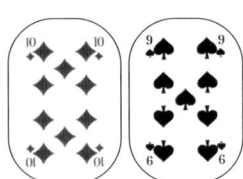

Die gesundheitlichen Probleme des Fragestellers liegen in den Bereichen Augen und Herz, sowie erhöhte Zuckerwerte und Prostataprobleme.

Dem Herz König liegen gleich zwei Pik Karten an, die durch ihre relativ niedrige Wertigkeit (7/8) auf leichte Herzprobleme hinweisen. Die dazwischen liegende Kreuz 7 lässt erkennen, dass diese Probleme schon einige Zeit bestehen und auch noch anhalten werden.

Pik 7 und die anliegende Kreuz 7 als Symbol der Sexualität lassen durch die anliegende Herz Karte mit hoher Wertigkeit, zusätzlich auf Probleme mit der Prostata schließen.

Die Karo 10 erhält durch die zwei anliegenden Pik Karten eine doppelte Bedeutung, die man in Bezug zueinander setzen muss. Zum einen wird auf den leicht (niedriger Zahlenwert 7/9) erhöhten Zuckerwert hingewiesen, was auf zusätzliche Probleme mit den Augen schließen lässt, die jedoch nicht erheblich sind, da sie durch den niedrigen Zahlenwert der umliegenden Karten abgeschwächt werden.

Beachte:
Erhält eine Karte durch zwei anliegende Pik Karten eine Doppeldeutigkeit, so zählen die Kartenwerte der Pik Karten für beide Bedeutungen gleich.

Bei einer Doppeldeutigkeit muß die reguläre Bedeutung als auch die Ausnahmebedeutung der jeweiligen Karte zur Deutung herangezogen werden.

Oft bestätigt sich hier eine Folgeerkrankung aus den zwei Deutungsmöglichkeiten.

Die folgende Kombination beleuchtet einen kurzen Zeitabschnitt, der zwar bereits zur Vergangenheit des Fragenden gehört, aber noch in der Gegenwart wirksam ist.

Innerhalb der letzten vier Monate hatte der Fragesteller Probleme mit den Atemwegen, wovon er sich in nächster Zeit jedoch erholen wird.

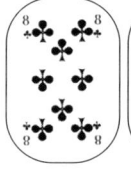 

Die Kreuz 8 verweist auf einen Zeitraum in der Vergangenheit (ca. 4 Monate).

Probleme (Pik 9) mit den Atemwegen (Kreuz Bube), sind bereits schon wieder gelöst, da der Kreuz Bube unter der Pik 9 steht.

Der Kreuz Bube steht hier zusätzlich in seiner Grundbedeutung als gute Nachricht, was den Zustand der Genesung (Lösung) noch unterstreicht. Da dieses gesundheitliche Problem, obwohl es schon wieder in Ordnung ist, von den Karten erwähnt wird, dient es der Einschätzung der momentanen gesundheitlichen Verfassung des Fragenden. Diese ist zur Zeit nicht besonders stabil, da der Fragesteller sich noch in einer Regenerationsphase befindet.

Nachdem Vergangenheit und Gegenwart beleuchtet sind, wendet sich der nächste Kartenausschnitt der zukünftigen Entwicklung des Gesundheitszustandes des Fragestellers zu.

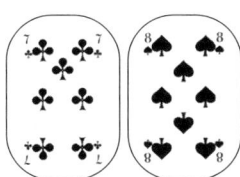

Bestehende Beschwerden des Fragestellers werden noch anhalten.

In Zukunft wird sich seine Beweglichkeit vermehrt einschränken.

Sein Gesundheitszustand bedarf ärztlicher Betreuung.

Die Kreuz 7 weist noch einmal darauf hin, dass die bereits bestehenden Beschwerden auch zukünftig noch andauern.

Die Pik 8, umgeben von Kreuz Karten, repräsentiert den Bewegungsapparat des Fragestellers, der durch die Pik 9 (Verlust), eingeschränkt wird (niedrige Wertigkeit der 9).

Die Kombination Pik 8 / Kreuz König beschreibt die Begegnungen mit dem Arzt: ärztliche Betreuung.

Beachtet man die der Pik 9 anliegenden Karo 10, so lässt sich die Ursache der Einschränkung noch genauer definieren:

Karo 10: Nerven; anliegende Kreuz Karten: Knochen; Pik 9: Kummer, Verlust

Kummer mit den Nerven entsteht meist durch Entzündungen. Sind diese dann noch in Zusammenhang mit den Knochen und der eingeschränkten Beweglichkeit zu sehen, lässt dies den Rückschluss auf ein bestehendes Rheuma zu.

Die letzte Kombination gewährt einen Ausblick auf die zukünftige gesundheitliche Tendenz.

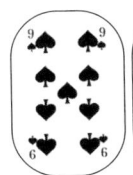

Der Arzt stellt dem Fragesteller eine Besserung seiner Beschwerden in Aussicht.

Die Pik 9 steht für die Beschwerden (Kummer) des Fragestellers.

Die Verbindung Kreuz König / Kreuz Bube symbolisiert den Befund des Arztes.

In der Kombination Kreuz Bube / Herz 7 zeigt sich die Freude über den ärztlichen Befund.

Zusätzlich schwächt die Herz 7 auch die Pik 9 in ihrer Wertigkeit ab, was den Schluss zulässt, dass die Beschwerden etwas abklingen.

Kartenlegen für Tiere

Das Kartenlegen für Tiere unterscheidet sich nur in sehr wenigen Punkten vom Kartenlegen für Menschen. Die Karten betrachten das Tier ebenso wie den Menschen als ein Wesen, das Gefühle hat. Das Empfinden von Schmerz und Freude werden ihm ebenso zugestanden, wie die Beeinflussung ihres Lebens durch das Schicksal, das unser aller Leben wie ein roter Faden durchzieht.

Personenkarte

Die Personenkarte für Tiere unterteilt weder in männlich noch weiblich. Ihre symbolische Bedeutung setzt sich aus den Faktoren Kreuz Karte (Freundschaft) und Kreuz Bube (Kommunikation) zusammen, was in etwa soviel bedeutet wie »Gespräch mit oder über einen Freund«.

Legesysteme

Das große Legesystem

Dieses Legesystem wendet man nur sehr selten bei Tieren an. Der Hauptgrund ist die nur schwer entschlüsselbare Belegung der Personenkarten.

Viele Personenbezüge sind beim Menschen durch das soziale Netz, in dem er lebt, weitgehend festgelegt. Mütterliche, väterliche, geschwisterliche oder freundschaftliche Gefühle verbinden wir Menschen mit ganz bestimmten sozialen Bindungen. Bei den Tieren, die sich zwar sehr eng an unser soziales Netz angliedern, aber weiterhin ihr eigenes Verständnis und die eigene Sichtweise der Dinge beibehalten, entstehen so zu viele Möglichkeiten für Fehldeutungen.

Das kleine Legesystem

Dieses Legesystem ist für alle Fragen nach den alltäglichen Dingen eines Tieres am besten geeignet.

Alle Deutungsregeln, die für menschliche Belange gelten, haben auch hier Gültigkeit. Selbstverständlich gilt es, einige Begriffe in die Sprachwelt der Tiere zu übersetzen. Die Berufskarte Kreuz As kann zum Beispiel auch für den täglichen Kontrollgang durch das Revier des Tieres stehen (Arbeit = tägliche Pflichten).

Gesundheit

Dieses Legesystem für Fragen nach der Gesundheit des Tieres ist das gleiche, wie für die Fragen nach der Gesundheit eines Menschen.

Die Aufteilung der vier Farben bzw. Symbole in die einzelnen Gesundheitsbereiche entspricht denen für den Menschen. Auch hier gilt selbstverständlich der Grundsatz: »Bei Gesundheitsfragen den Klienten immer auch an den Tierarzt verweisen!«

Beachte:

Bei der Deutung der Karten, egal in welchem Legesystem, gilt es, die in einigen Bereichen etwas andere Sprachform der Tiere zu berücksichtigen.

In ihrer eigenen Sprache definieren Tiere meist klar und deutlich, was sie ausdrücken wollen.

Umschreibungen, wie der Mensch sie kennt, sind ihnen fremd. Man darf nie vergessen, dass Tiere meist direkter als Menschen mit ihren Emotionen umgehen. Dies drückt sich auch im Kartenbild aus, in dem die Ereignisse oder Situationen oft wesentlich klarer erkennbar sind.

Dennoch ist es manchmal notwendig, die Bedeutung einzelner Begriffe, so wie der Mensch sie gebraucht, auf die etwas andere Realität der Tiere zu übertragen.

Beispiel: Kreuz As / Pik 9

Deutung für den Menschen	Kummer auf der Arbeit
Deutung für das Tier	Ärger im Revier (Ausnahme: das Tier arbeitet z.B. im Zirkus, Film etc.)

Legebeispiel

Tier:	Hündin Senta, 15 Jahre alt
Frage:	Wie geht es gesundheitlich bei der Hündin Senta weiter?

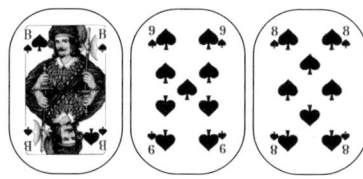

In diesem Legebeispiel sollte man es nicht versäumen, das hohe Alter des Hundes bei der Deutung mit einzubeziehen. Auch wenn man die Altersangabe von Frauchen oder Herrchen nicht bekommt, so ist der Pik Bube, der gleich nach der Personenkarte aufliegt, ein direkter Hinweis auf das hohe Alter des Tieres.

Der momentane gesundheitliche Zustand von Senta ist alles andere als gut.

 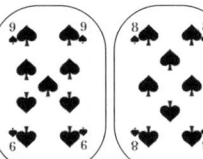

Es besteht eine Altersschwäche, die Probleme mit den Knochen und der Atmung zur Folge hat.

Die Kombination Kreuz Bube / Pik Bube deutet nicht nur das hohe Alter des Hundes an, sondern weist auch auf Probleme hin, die durch das Tier (sein Alter) selbst entstehen: Altersschwäche.

Dadurch sind die weiteren Beschwerden auch als Folgeerscheinungen zu betrachten. Dies sind auf Grund des Kreuz Buben in Verbindung mit den Pik Karten Knochenprobleme und (man beachte die Mehrdeutigkeit des Symbols) Probleme mit der Atmung.

Einen Hinweis auf die Vielschichtigkeit des gesundheitlichen Problems der Hündin liefert die hohe Anzahl der Pik Karten. Sie stehen nicht nur für die Schwere der Probleme, sondern auch für die Vielzahl. Erweitert man die vorangehende Kartenkombination, so erhält man einen weiteren Hinweis auf den gesundheitlichen Zustand des Tieres.

Senta hat zusätzlich auch noch Kreislaufprobleme.

Sie erträgt ihre Beschwerden jedoch sehr tapfer, da sie viel Liebe von ihrem Frauchen bekommt.

Die Herz 9, umgeben von Pik Karten, weist auf Probleme mit dem Kreislauf hin.

Der Pik Bube, die Pik 9 sowie die Pik Dame deuten zwar auf schwerwiegendere Kreislaufstörungen hin, jedoch nicht auf Herzprobleme.

Diese wären eher angezeigt, wenn die Herz Karte eine höhere Wertigkeit hätte, wie z.B. der Herz Bube, der die Möglichkeit eines Herzinfarktes vermuten ließe.

Durch die Pik Dame steht die Herz 9 auch noch für die Liebe, die Senta von ihrem Frauchen bekommt. Das Glück, das sie über die Zuneigung empfindet, symbolisiert der Karo Bube.

Der gute Ausgang (Herz 9 / Pik 9) der Probleme (Pik Bube) meint hier eher das tapfere Ertragen der gesundheitlichen Beschwerden.

Die nächste Kombination erweitert die Aussage über das Frauchen von Senta.

Das Frauchen von Senta setzt ihre ganze Hoffnung in den Tierarzt.

Der Kreuz König steht hier für den Tierarzt.

Herz 9 (Liebe) und Karo Bube (Freude / Glück) erklären, was die Pik Dame (das Frauchen) vom Tierarzt erwartet.

Glück und Freude wieder herstellen heißt nichts anderes, als dass sich das Frauchen von Senta Heilung (Herz 9 / Pik 9) für sie vom Tierarzt verspricht.

Die nächste Kombination erweitert die Aussage über Senta.

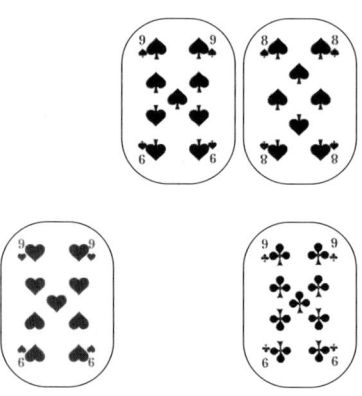

Sentas Gesundheitszustand stabilisiert sich. Ihre Beweglichkeit ist jedoch eingeschränkt.

Die Kombination Herz 9 / Pik 9 (guter Ausgang einer Situation) gerät durch die Kreuz 9 (Veränderung) wieder ins Wanken.

Da die Kreuz 9 jedoch eine positive Veränderung darstellt, trägt sie nicht zur Verschlechterung des gesundheitlichen Zustandes bei, sondern steht eher für das auf und ab des Gesundheitszustandes.

Ein Blick auf die Pik 8 zeigt, dass die Veränderung im Bereich der Begegnungen zu suchen sind. Durch das Anliegen von Kreuz Karten (Knochenbau) ergibt sich der Hinweis auf die abnehmende Beweglichkeit (Schmerzen in den Knochen) der Hündin und das damit weniger werdende Umherlaufen (Begegnungen machen).

Die zum Schluss anliegende Kreuz 9 beschreibt den Zeitraum, in dem die gesundheitlichen Aussagen über die Hündin anzusiedeln sind. Die Stabilisation des Gesundheitszustandes, sowie die Einschränkung der Beweglichkeit wird in den nächsten vier Monaten noch anhalten.

Karo Bube und Kreuz König weisen jedoch darauf hin, dass Senta die nächsten vier Monate Dank der Hilfe des Tierarztes trotz ihrer Beschwerden sehr glücklich ist.

Das große Legesystem

Dieses Legesystem bezieht sich stets auf die Frage:

Was bringt das kommende Jahr der fragenden Person ganz allgemein?   *oder*
Wie geht es bei der fragenden Person jetzt überhaupt weiter?

Beachte:
Das kommende Jahr bezieht sich auf einen Zeitraum, der am Tag des Kartenlegens beginnt und ein ganzes Jahr andauert.

Nach dem Mischen werden die Karten in folgender Reihenfolge aufgelegt

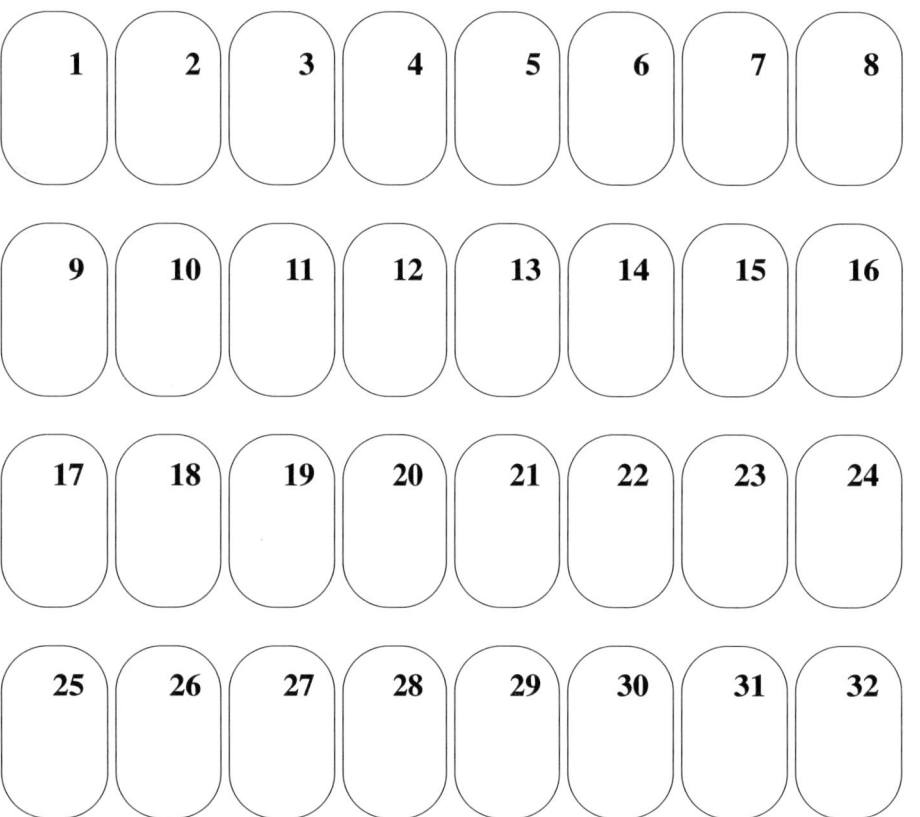

Beachte:
Die einzelnen Karten sollten möglichst ohne Zwischenräume aneinander gelegt werden. Dies dient der besseren Konzentration auf die Karten, da das Auge dadurch weniger Ablenkung erfährt.

Nach dem Auflegen sollte man das gesamte Legebild erst einmal auf sich wirken lassen.

Der gute Kartendeuter redet nicht einfach drauf los, sondern versucht, sich erst einmal einen groben Überblick über die Situation zu verschaffen. Wichtig dabei ist es, sich ein erstes Bild über die fragende Person zu erstellen. Schließlich entscheidet sich hier welche Umgangsform das Arbeiten mit der fragenden Person erforderlich macht. Eine charakterlich labile Person verlangt eine andere, als eine charakterlich starke Persönlichkeit.

Ein zweiter Schritt, den der Kartendeuter während des ersten stillen Betrachtens des Bildes beachten sollte, ist das grobe Einschätzen der zukünftigen Entwicklung der fragenden Person. Bei einem eventuellen negativen Ereignis, wie zum Beispiel einem Unfall, kann der Deuter so von vornherein verhindern, dass er eine zu schnelle Aussage trifft, die sein Gegenüber in Panik versetzt.

Merke:
Negative Aussagen bleiben stets nachhaltig in den Gedanken hängen. Selbst anschließend vorgebrachte Lösungsmöglichkeiten bzw. Möglichkeiten, die zur Vermeidung einer Situation beitragen könnten, vermögen es dann oft nicht mehr, die jeweilige Person zu beruhigen.

Personenkarte (PK)

Der erste Blick gilt der Personenkarte und der ihr direkt anschließenden Karten. Dies ist deshalb besonders wichtig, da man der fragenden Person durch die Beschreibung der eigenen Persönlichkeit und der momentanen Lebensumstände einen ersten Überblick über das Können des Kartendeuters geben kann.

Für den Kartendeuter selbst bedeutet es eine Überprüfung, ob er den Bezug zur fragenden Person herstellen konnte.

Grundaussagen dieses Legebildausschnittes

a) Persönlichkeitsprofil der fragenden Person

b) eventuelle gesundheitliche und seelische Probleme der fragenden Person

c) Gedanken, Vorhaben und Personen, die der fragenden Person im Moment sehr wichtig sind

Beachte:

Nicht immer liegt die Basiskarte, also die Karte, die Ausgangspunkt eines jeden Ausschnittes aus dem Gesamtlegebild ist, in einer Position, in der ihr an allen Seiten eine weitere Karte anliegt.

Liegt sie in der Position einer Randkarte, fehlen ihr drei anliegende Karten.

In der Position einer Eckkarte fehlen ihr vier erweiternde Karten, um einen vollständigen Kartenausschnitt zu erhalten.

Um dennoch optimale Deutungsmöglichkeiten zu haben, ergänzt man die fehlenden Karten mit sogenannten Füllkarten.

Diese erhält man, indem man die jeweils gegenüberliegenden Rand- bzw. Eckkarten aus dem Gesamtlegebeispiel an die Stellen der fehlenden Karten einsetzt.

Für den Kartendeuter bedarf es deshalb ein hohes Maß an Konzentration, da dieser, die so entstehenden Kombinationen mit neun Karten, vor seinem geistigen Auge bilden soll und sich zusätzlich noch auf deren Deutung konzentrieren muss.

Berufskarte (Kreuz As)

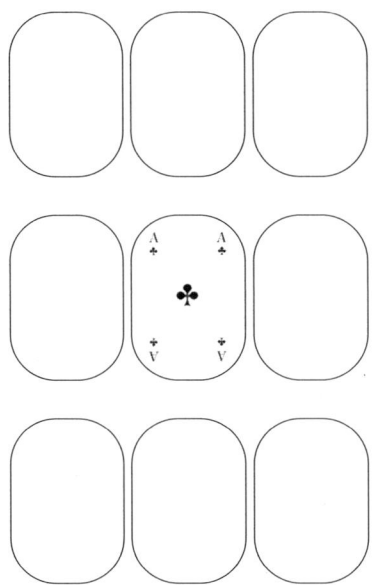

Grundaussagen dieses Legebildausschnittes

a) Wie steht die fragende Person zu ihrem Beruf?

b) Stehen Veränderungen im Beruf an, und wenn ja, welche sind es?

c) Gibt es Menschen im beruflichen Umfeld der fragenden Person, die hilfreich sind, oder vor denen sich die fragende Person in Acht nehmen sollte?

Familienkarte / Wohnen (Herz As)

Finanzkarte (Karo 10)

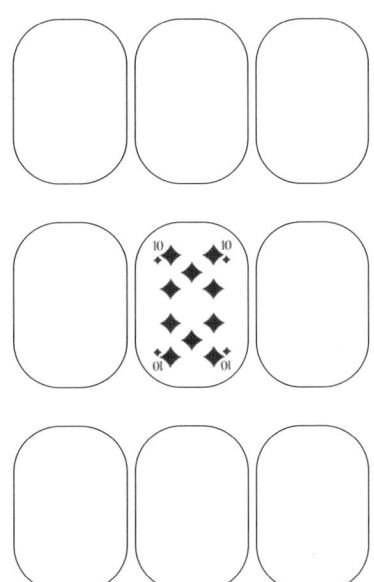

Grundaussagen dieses Legebildausschnittes

a) Wie sehen die Wohnverhältnisse der fragenden Person aus (z.B. steht ein Umzug an)?

b) Welche Personen kommen zu der fragenden Person nach Hause?

c) Wie sieht das Verhältnis der fragenden Person zur eigenen Familie und zu sich selbst aus?

Grundaussagen dieses Legebildausschnittes

a) Momentane finanzielle Situation der fragenden Person.

b) Zu erwartende Einnahmen und Ausgaben.

c) Wie entwickelt sich die finanzielle Situation der fragenden Person weiter?

Partnerschaft (PK)

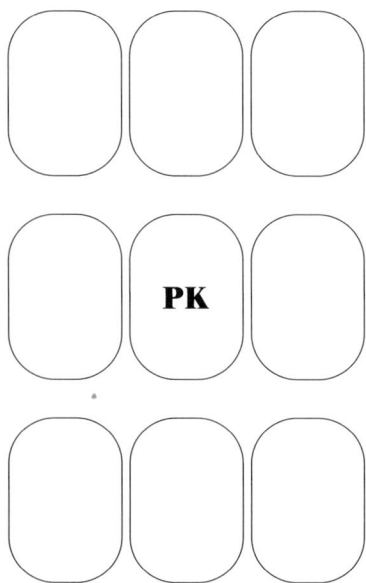

(Entsprechende weibliche / männliche Personenkarte zur fragenden Person)

Grundaussagen dieses Legebildaus-schnittes

a) Gibt es eine bereits bestehende Partnerschaft der fragenden Person, wenn ja, wie entwickelt sie sich?

b) Beschreibung des bereits vorhandenen oder kommenden Partners der fragenden Person.

c) Positive und negative Einflüsse, die auf die Partnerschaft einwirken.

Begegnungen (Pik 8)

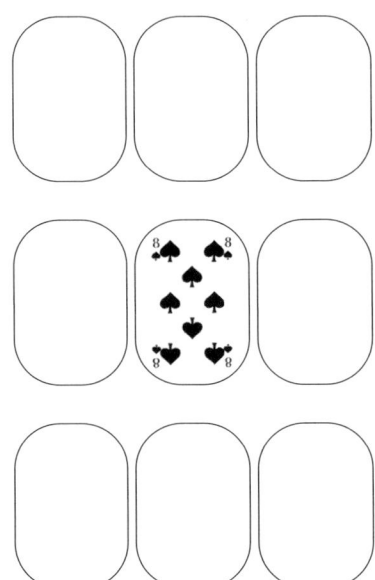

Grundaussagen dieses Legebildaus-schnittes

a) Welche Personen kommen auf die fragende Person zu?

b) Welche Bedeutungen und Auswirkungen haben diese Begegnungen für die fragende Person?

Reisen (Kreuz 10)

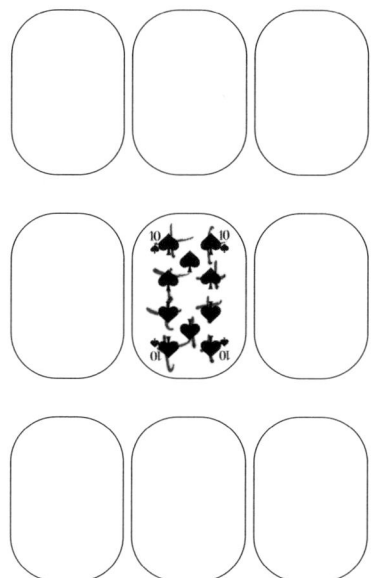

Jahreskarte (Pik 10)

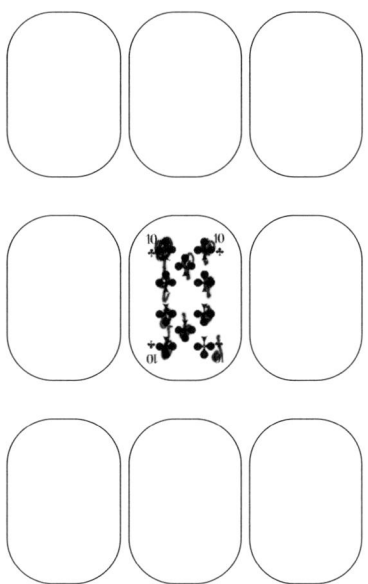

Grundaussagen dieses Legebildausschnittes

a) Stehen der fragenden Person Reisen bevor?

b) Welcher Art sind die anstehenden Reisen, und auf was sollte die fragende Person auf diesen achten?

c) Von welchen Reisen anderer erfährt die fragende Person?

Grundaussagen dieses Legebildausschnittes

a) Was geschieht bis zum Ende des befragten Jahres?

b) Was ereignet sich über den befragten Zeitraum hinaus?

c) Welche Ereignisse aus der Vergangenheit wirken bis in die Gegenwart oder Zukunft?

d) Wichtige vergangene Ereignisse aus dem Leben der fragenden Person.

Schnelligkeit, in Kürze (Karo 9)

Verzögerung (Kreuz 7)

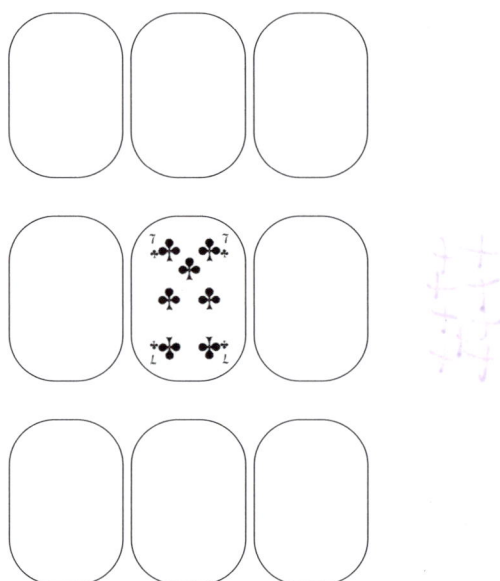

**Grundaussagen dieses Legebildaus-
schnittes**

a) Was steht unmittelbar bevor?

b) Was kommt auf die fragende Person zu, mit dem
sie nicht gerechnet hat?

c) Was lässt sich leichter bzw. schneller erledigen?

**Grundaussagen dieses Legebildaus-
schnittes**

a) Was verzögert sich?

b) Wodurch verzögert sich etwas?

c) Wofür braucht die fragende Person noch etwas
Geduld?

Kurzer Zeitraum, bis / innerhalb vier Monaten (Kreuz 8)

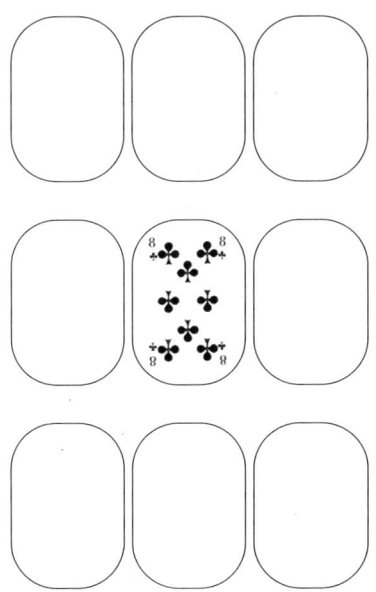

Grundaussagen dieses Legebildausschnittes

a) Was ereignet sich in den nächsten vier Monaten?

b) Was ist in den vergangenen vier Monaten geschehen?

c) Um welche Zeiträume geht es?

Hinweis:

In manchen Fällen treffen im Kartenbild zwei oder mehrere Basiskarten so eng aufeinander, dass sie selbst umliegende Karten für die jeweils andere Basiskarte bilden, beziehungsweise umliegende Karten ihnen gemeinsam sind.

Durch die einzelne Bedeutung dieser Karten lassen sich Rückschlüsse auf die engen Verknüpfungen der jeweiligen Lebensbereiche ziehen.

Fallen zum Beispiel die Familienkarte (Herz As) und die Finanzkarte (Karo 10) zusammen, wirkt sich die finanzielle Situation auf die familiäre oder umgekehrt aus. In welcher Weise zeigen die umliegenden Karten.

Das Abdecken

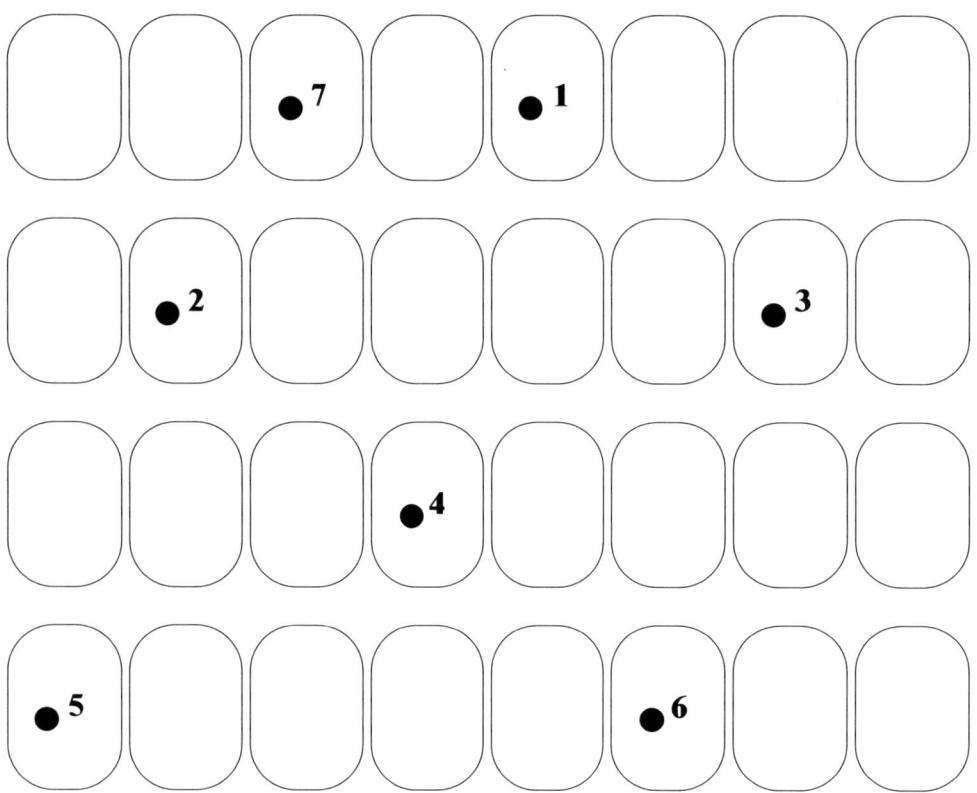

● = aus dem Legebild entnommene Karte

Nachdem man das gesamte Legebild sorgfältig gedeutet hat, entfernt man jede fünfte Karte aus dem Spiel. Auf diese Weise erhält man sieben Karten, die erneut gemischt werden. Mit diesen Karten deckt man nun einzelne Karten oder Kartenkombinationen im Legebild ab, um wichtige Aussagen nochmals zu bestätigen oder genauer zu definieren.

Möglichkeiten des Abdeckens

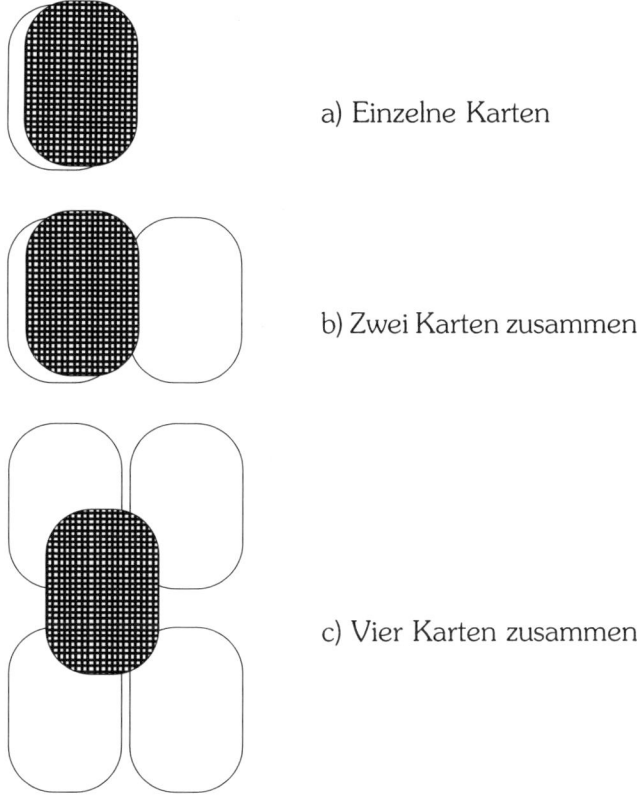

a) Einzelne Karten

b) Zwei Karten zusammen

c) Vier Karten zusammen

Beachte:
Die sieben Karten, mit denen man einzelne Karten oder Kartenkombinationen abdeckt, werden mit dem Deckblatt nach oben in das Legebild eingebracht. Mit dieser Vorgehensweise verhindert man ein bewusstes Kombinieren der Karten und das damit verbundene Manipulieren einzelner Aussagen. Das Wenden der sieben Karten sollte erst nach und nach geschehen, um unnötige Ablenkung für das Auge der deutenden Person zu vermeiden.

Regeln des Abdeckens

a) Die Personenkarte der fragenden Person wird mit einer Karte abgedeckt. Liegt die Personenkarte in Verbindung mit einer oder drei weiteren Karten in Bezug zu einer wichtigen Aussage, kann sie auch im Zusammenhang einer Zweier- oder Viererkombination abgedeckt werden.

b) Bei bereits bestehenden Partnerschaften wird die Personenkarte des Partners oder der Partnerin der fragenden Person mit einer Karte abgedeckt. Liegt die Personenkarte in Verbindung mit einer oder drei weiteren Karten in Bezug einer wichtigen Aussage, kann sie auch im Zusammenhang einer Zweier- oder Viererkombination abgedeckt werden.

c) Die Familienkarte wird mit einer Karte abgedeckt. Im Gegensatz zu den Personenkarten bleibt es hier beim Abdecken einer Einzelkarte.

d) Die Berufskarte wird mit einer Karte abgedeckt. Für sie ist neben dem Abdecken als Einzelkarte auch das Abdecken in einer Zweierkombination möglich.

e) Die restlichen drei der sieben aus dem Legebild genommenen Karten, werden, je nachdem welche Aussagen die fragende Person noch näher beleuchtet haben möchte, in Kombination mit einer, zwei oder vier Karten in das Legebild eingebracht.

Hinweis:

Es kann vorkommen, dass beim Herausnehmen der sieben Karten Basiskarten aus dem Kartenbild wegfallen.

In diesem Fall gilt: Fällt die Personenkarte (PK) oder die Familienkarte (Herz As) der fragenden Person aus dem Kartenbild, ist es als Zeichen eines Umbruchs im Leben des Fragenden zu werten. Ein Lernprozess ist abgeschlossen. In welchem Bereich ein neuer Lernprozess beginnt, zeigen die Karten, die beim Abdecken an die Personen- bzw. Familienkarte anschließen.

Alle anderen Basiskarten werden wie im Gesamtbild durch ihre umliegenden Karten gedeutet.

Liegt die Personenkarte des Fragenden als Randkarte links oder rechts im Kartenbild, so ist die Blickrichtung zu beachten.

Es gilt: Blickt die Personenkarte ins Kartenbild, ist die fragende Person ein sehr aktiver Mensch. Sie ist auch bereit, notwendige Veränderungen im Leben umzusetzen.

Blickt die Personenkarte aus dem Kartenbild heraus (sie liegt im Rücken der PK), ist die fragende Person ein eher passiver Mensch. Sie kann kaum oder keine Veränderungen in ihren Verhaltensmustern herbeiführen.

Fällt die Personenkarte beim Abdecken vom Rand (Kartenbild im Rücken) als Randkarte mit dem Kartenbild im Blick, weist es auf eine Änderung des passiven Verhaltens in eine aktive Lebensgestaltung hin. Dies gilt auch dann, wenn sie innerhalb des Kartenbildes zu liegen kommt. Die Veränderung geschieht nur etwas langsamer.

Fällt die Personenkarte beim Abdecken in eine Position, in der sie das Kartenbild im Rücken hat, neigt die Person künftig eher dazu, in Passivität zu verfallen.

Wichtig!

Liegen neue, durch das Abdecken entstandene, Kartenkombinationen direkt beieinander, so werden sie in der abschließenden Deutung miteinander in Bezug gestellt. Diesen Kartenkombinationen direkt anliegende Karten werden ebenfalls in die Deutung mit einbezogen.

Das kleine Legesystem

Dieses Legesystem eignet sich für alle direkten Fragen nach Personen, Ereignissen und Zeiträumen.

Beispiele:

Wie steht mein Partner zu mir?

Werde ich die Arbeit, um die ich mich beworben habe, auch bekommen?

Wie verläuft meine Urlaubsreise?

Was kommt in den nächsten drei Monaten auf mich zu?

Wie entwickelt sich meine Partnerschaft im kommenden halben Jahr?

Zuerst wählt man die dem Fragenden entsprechende Personenkarte aus und legt sie auf. Die restlichen Karten werden nach dem Mischen in folgender Reihenfolge aufgelegt:

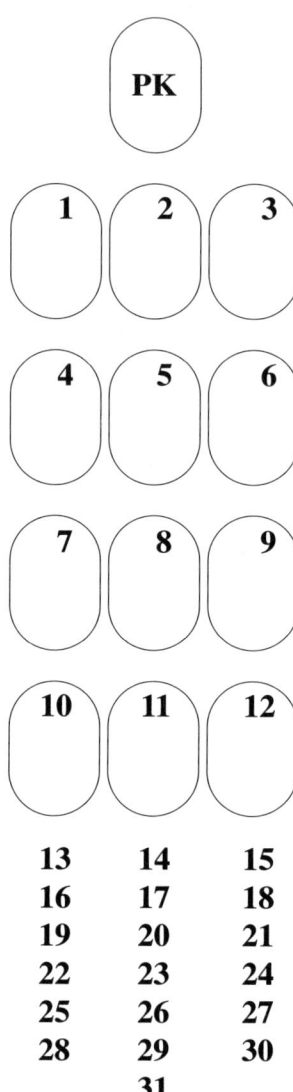

Personenkarte (PK)

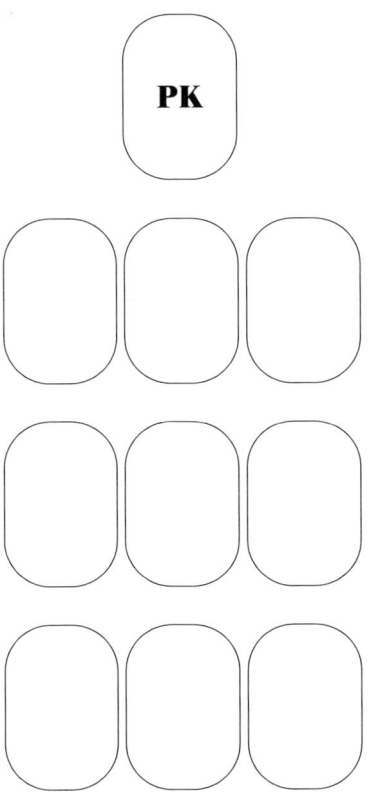

Diese Kartenkombination legt die unmittelbare Situation des Fragenden in Bezug auf die gestellte Frage dar. Faktoren aus der Vergangenheit, sofern sie für die Gegenwart von Bedeutung sind, sowie die gegenwärtige Lage, in der sich der Fragende befindet, sind hier zu erkennen.

Da dieser Kombination, bestehend aus neun Karten, die Personenkarte voransteht, wird ihre Bedeutung in direktem Zusammenhang mit der Person des Fragenden gedeutet.

Themenkarte (TK)

Beachte:
Je nach Position der Themenkarte kann es auch möglich sein, dass ihr nur wenige Karten direkt anliegen. Die hier dargestellte Graphik zeigt die Position mit den meisten Kombinationsmöglichkeiten.

Themenkarten für Ereignisse und Situationen

Herz As — steht für Fragen zum häuslichen Bereich (z.B. Umzug) und der Familie

Kreuz As — steht für Fragen zu Beruf und Arbeit

Karo 10 — steht für Fragen zu finanziellen Angelegenheiten

Kreuz 10 — steht für Fragen zu Reisen

Kreuz Bube — steht für Fragen zu Verträgen, Ämtern und Gesprächen

Pik Bube — steht für Fragen zu gerichtlichen Angelegenheiten und größeren Ärgernissen

Themenkarten für Zeiträume

Kreuz 8 — steht für Fragen nach Zeiträumen von zwei, drei oder vier Monaten

Beachte:
Alle Karten vor der Kreuz 8 beziehen sich auf Ereignisse innerhalb dieses Zeitraumes.

Alle Karten nach der Kreuz 8 beziehen sich auf Ereignisse die nach dem befragten Zeitraum liegen.

Beispiel:
Der Fragende möchte wissen, ob der von ihm gewünschte Vertrag innerhalb der nächsten zwei Monate zustande kommt.

Liegt der Kreuz Bube (TK für Verträge) mit positiven Karten umgeben im Kartenbild vor der Kreuz 8, so würde die Antwort lauten: Ja, der Vertrag kommt zustande.

Liegt der Kreuz Bube mit positiven Karten umgeben im Kartenbild nach der Kreuz 8, so würde die Antwort lauten: Der Vertrag kommt zwar zustande, aber erst zu einem späteren Zeitpunkt.

Liegt der Kreuz Bube mit negativen Karten umgeben im Kartenbild, so spielt es keine Rolle, ob er vor oder hinter der Kreuz 8 im Kartenbild liegt. Hier lautet die Antwort in beiden Fällen: Es wäre besser, den Vertrag nicht abzuschließen, da er nur Kummer bringt, bzw. der Vertrag kommt überhaupt nicht zustande.

Pik 10   steht für Fragen nach Zeiträumen von Tagen, einem Monat oder bis zu einem Jahr

Beachte:
Alle Karten vor der Pik 10 beziehen sich auf Ereignisse innerhalb des befragten Zeitraumes. Alle Karten nach der Pik 10 beziehen sich auf Ereignisse nach dem befragten Zeitraum.

Beispiel:
Die Fragende möchte wissen, ob sie am nächsten Tag wie geplant zu ihrer Freundin fährt.

Liegt die Kreuz 10 (TK für die Reise) mit positiven Karten umgeben im Kartenbild vor der Pik 10, so würde die Antwort lauten: Ja, die Reise findet wie geplant statt.

Liegt die Kreuz 10 mit positiven Karten umgeben im Kartenbild nach der Pik 10, so würde die Antwort lauten: Die Reise findet zwar statt, aber wird sich um einen Tag verschieben.

Liegt die Kreuz 10 mit negativen Karten umgeben im Kartenbild, so spielt es keine Rolle, ob sie vor oder hinter der Pik 10 liegt. Hier lautet die Antwort in beiden Fällen: Die Reise findet nicht statt bzw. je nach umliegenden Karten: Es wäre besser, die Reise nicht anzutreten.

Themenkarten für Fragen nach Personen

Herz König / Herz Dame   stehen für den Ehepartner / die Ehepartnerin

Karo König / Karo Dame   stehen für den ledigen Mann/die ledige Frau

Kreuz König / Kreuz Dame stehen für einen guten Freund / eine gute Freundin

Pik König / Pik Dame   stehen für einen reifen Mann / eine reife Frau

Genauere Definitionen der einzelnen Personenkarten ergeben sich aus den jeweils umliegenden Karten. Bei Fragen zu Liebe und Partnerschaft ist die jeweilige Themenkarte die Paarkarte zur Personenkarte des Fragenden.

Beispiel:
Personenkarte des Fragenden (ledig, männlich), ist der Karo König. Er möchte wissen, ob seine Partnerin ihn wirklich liebt.

Themenkarte (die Partnerin) ist hier die Karo Dame als Paarkarte zum Karo König.

Bei einem verheirateten Mann (Herz König) wäre die Paarkarte die Herz Dame.

Befindet sich der Fragende nicht in einer festen Partnerschaft, möchte jedoch wissen, wie eine bestimmte Person in privater Hinsicht über ihn denkt, so wählt man als Themenkarte die der Personenkarte am nächsten liegende Personenkarte.

Beispiel:

Die Personenkarte der Fragenden (ledig, weiblich) ist die Karo Dame.

Sie hat zur Zeit keinen festen Partner. Sie möchte jedoch wissen, wie der Mann, den sie am Vortag kennengelernt hat, zu ihr steht, und ob eine Partnerschaft möglich ist. Ist die erste Karte, die im Legebild nach der Personenkarte liegt, der Karo König, so lautet die Antwort: Ja, mit diesem Mann ist eine Partnerschaft möglich. Die Karten geben dann weitere Aufschlüsse über diese Partnerschaft.

Handelt es sich bei der ersten Karte nach der Personenkarte um den Kreuz König, so lautet die Antwort: Das Interesse des Mannes an der Fragestellerin beschränkt sich zur Zeit auf den freundschaftlichen Bereich. Ob in nächster Zeit auch ein Liebesverhältnis möglich wird, hängt dann von den nachfolgenden Karten ab.

Beim Pik König ist es ähnlich wie beim Kreuz König. Allerdings kommt bei ihm meist noch der Aspekt der Vorsicht hinzu. Der Pik König steht auch, je nach umliegenden Karten, für den Blen-der. Eine Partnerschaft kommt mit ihm nicht zustande beziehungsweise hält nicht.

Beachte:

Die Themenkarte kann sich auch unter den ersten neun Karten nach der Personenkarte befinden. Sind darunter keine weiteren Zeitkarten, liegt das betreffende Ereignis in der nahen Zukunft der fragenden Person.

Entwicklung

Kartenkombinationen nach der Themenkarte zeigen welche Auswirkungen ein Ereignis oder eine Situation haben werden, oder Konsequenzen, die nach einer bestimmten Entscheidung auf den Fragenden zukommen. Hierbei muss es sich nicht unbedingt nur um Ereignisse oder Situationen handeln, die direkt mit der gestellten Frage in Bezug stehen.

Will der Fragende Näheres über seine berufliche Zukunft wissen, ist es möglich, dass nach der Themenkarte hauptsächlich von Ereignissen oder Situationen aus dem privaten Bereich des Fragenden die Rede ist, oder umgekehrt private Fragen zu beruflichen Anmerkungen führen. In diesem Moment ist sicherlich nicht die Deutung der Karten verkannt. Im Gegenteil, hier machen die Karten auf die wichtigen Zusammenhänge der einzelnen Lebensbereiche des Fragenden aufmerksam. So bildet der momentane Abschluss einer beruflichen oder finanziellen Entwicklung oft die Grundlage für eine Weiterentwicklung im privaten oder gesundheitlichen Lebensbereich des Fragenden oder umgekehrt.

Legebeispiele
Das große Legesystem

Legebeispiel

Fragestellerin: weiblich, ledig, ca. 30 Jahre alt

Fragestellung: Was kommt im folgenden Jahr ganz allgemein auf die Fragestellerin zu?

Personenkarte

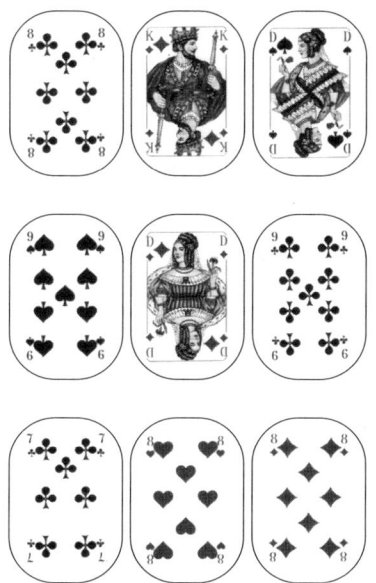

In diesem Legebeispiel steht für die ledige Frage-stellerin die **Karo Dame** als Personenkarte.

Bei der Deutung der einzelnen Kombinationen gilt es, immer darauf zu achten, dass alle anliegenden Karten in Bezug zur zentralen Karte (hier die Personenkarte) gebracht werden.

Man beginnt die Deutung mit der aussagekräftigsten Kartenkombination. Dabei sollte man darauf achten, dass man die Anzahl der zu kombinierenden Karten möglichst gering hält, um Verwirrung und Deutungsfehler zu vermeiden. Am Besten ist es, mit einer Kombination von zwei Karten zu beginnen und diese mit der Zeit um je eine weitere

umliegende Karte zu erweitern, sofern es für die erweiternde Deutung nötig ist.

In diesem Beispiel bedeutet das:

Der Fragestellerin liegt eine Partnerschaft an.

Aus dieser Kombination alleine lässt sich jedoch nicht ersehen, ob diese bereits besteht oder erst auf die Fragestellerin zukommt.

Einzig durch die Blickrichtung der beiden Personenkarten – **Karo König** blickt nach rechts, **Karo Dame** blickt nach links – erhält man einen kleinen Hinweis.

Beide Personenkarten haben sich nicht direkt im Blick, was bedeuten kann, dass die Fragestellerin ihren Partner noch nicht kennt (noch nicht gesehen hat).

Um nun Genaueres über die Partnerschaft der Fragestellerin zu erfahren, erweitert man die bereits vorhandene Kombination (Karo Dame, Karo König) um eine direkt anliegende Karte.

Im Ausschnitt aus dem Gesamtlegebild bieten sich hierfür genau vier Karten als Möglichkeit an.

Es sind: Kreuz 8
             Pik 9
             Pik Dame
             Kreuz 9

Da zuerst einmal geklärt werden sollte, ob die gesehene Partnerschaft schon besteht oder erst noch auf die Fragestellerin zukommen wird, dürfte die Kreuz 8 (Zeitkarte) von den vier möglichen am aussagekräftigsten sein.

Die Partnerschaft kommt in den nächsten vier Monaten auf die Fragestellerin zu.

Da die Kreuz 8 vor der Personenkarte der Fragestellerin liegt, diese also in sie hineinblickt, weist sie auf ein zukünftiges Ereignis hin.

Zwei direkt beieinanderliegende Personenkarten der gleichen Farbe (hier Karo) symbolisieren nicht nur die einzelnen Partner, sondern auch die Partnerschaft als solches.

Somit steht die Kreuz 8 auch für die ersten vier Monate in der Beziehung.

Die Frage, die sich aus diesem Hinweis ergibt, lautet:

Was erwartet die Fragestellerin in den ersten vier Monaten ihrer neuen Partnerschaft?

Aufschluss darüber bringt die Erweiterung der Kartenkombination mit der am nächsten anliegenden Karte. In diesem Fall gibt es nur die Möglichkeit der Pik 9.

In den ersten vier Monaten ist die neue Partnerschaft noch mit Problemen behaftet. Die Fragestellerin hat am Anfang noch Zweifel an der Festigkeit der Beziehung. Dies mag daran liegen, dass der Partner noch einige Dinge mit seiner Ex-Partnerin zu klären hat.

Die Kreuz 8 hinter dem Karo König bei der Partnerschaft weist auf eine bereits vergangene Partnerschaft des neuen Partners hin, was den Ursprung des entstehenden Kummers (Pik 9) in der neu beginnenden Beziehung der Fragestellerin erklärt.

Die Pik 9 liegt der Karo Dame direkter an als dem Karo König, deshalb betreffen die Auswirkungen (Zweifel) dieser Karte mehr die Fragestellerin als deren Partner.

Die kommende Partnerschaft bringt der Fragestellerin positive Veränderungen.

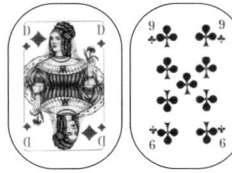

Da die Kreuz 9 direkter an der Karo Dame als an dem Karo König anliegt, haben die anstehenden Veränderungen mehr Bedeutung für die Fragestellerin als für ihren zukünftigen Partner.

Gleichzeitig weist die Kreuz 9 auch auf Veränderungen hin, die die Fragestellerin schon jetzt vornehmen will, und die durch die kommende Partnerschaft positiv unterstützt werden.

Als nächstes stellt sich die Frage: Durch wen oder was entstehen die kommenden Veränderungen, bzw. durch wen oder was werden sie ermöglicht?

Die vorangegangene Kombination hat bereits gezeigt, dass der zukünftige Partner der Fragestellerin einen sehr positiven Einfluss auf die kommenden Veränderungen hat bzw. sogar selbst Veränderungen bewirkt. Neben ihm liegt die Pik Dame, deren Einfluss als nächstes zu beleuchten ist.

Eine Frau, sie ist älter als die Fragestellerin, bringt der Fragestellerin positive Veränderungen.

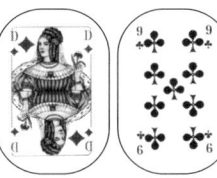

Diese Veränderungen beziehen sich auf die Bereiche Beruf, Partnerschaft und Finanzen im Leben der Fragestellerin.

Für die Altersbestimmung der Pik Dame gilt:
Pik = Altersgruppe ab 50 Jahre

Mit hohen Karo Karten (König/Dame/10) für ein Alter bis 30 Jahre und einer mittleren Kreuz Karte (9) für ein Alter bis 40 Jahre, verringert sich das Alter der Frau auf ca. 35 bis 40 Jahre. Auskunft über die angesprochenen Lebensbereiche erhält man durch die der Veränderungskarte anliegenden Karten:

Karo König und Karo Dame	= Partnerschaft
Karo Karten allgemein	= Finanzen
Kreuz Karte	= Beruf

Da die Pik Dame direkt in die Partnerschaft (Karo König/Karo Dame) hineinblickt, steht sie hier zusätzlich für die derzeitige Partnerin des Karo Königs. Deshalb steht die Kreuz 9 hier auch für eine Veränderung in der Partnerschaft von Karo König und Pik Dame.

Nachdem man jetzt die Veränderungen, die andere der Fragestellerin bringen werden, beleuchtet hat, gilt der nächste Schritt folgender Frage:

Wie entwickeln sich die Veränderungen, die die Fragestellerin für sich selbst erreichen möchte?

Hierfür erweitert man die Kombination Karo Dame mit Kreuz 9 durch die darunter anschließenden Karten:

Veränderungen, die die Fragestellerin durchführen möchte, gestalten sich im Moment noch vage (sind noch nicht ausgereift), haben jedoch gute Aussichten auf Erfolg.

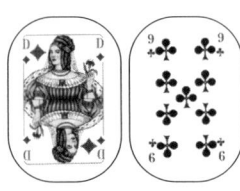 Bei den eigenen Veränderungswünschen der Fragestellerin liegt der Schwerpunkt im finanziellen Bereich (Karo überwiegt).

 Positive Veränderungen im beruflichen (Kreuz) und privaten Bereich (Herz) werden folgen. Der niedrige Zahlenwert der der Personenkarte anliegenden Herz und Karo Karte lässt zudem noch erkennen, dass es in privater und finanzieller Hinsicht bei der Fragestellerin zur Zeit nicht besonders gut läuft.

In Verbindung mit der vorherigen Kartenkombination ergibt sich hier auch eine Erklärung für den Kummer und die Zweifel (Pik 9) der Fragestellerin zu Beginn ihrer neuen Partnerschaft. Es ist die Ungewissheit, ob sich der neue Partner wirklich von seiner derzeitigen Partnerin trennt. Herz 8 und Karo 8 deuten an, dass die Situation zum Guten gewendet werden kann (Trennung). Herz 9 bestätigt diese Aussage.

Merke:
Bevor man mit der Deutung der einzelnen Lebensbereiche beginnt, sollte man sich zuerst ein vollständiges Bild der momentanen Lebenssituation der Fragestellerin machen. Dazu gehören neben privaten und finanziellen Dingen auch die Bereiche Beruf und Gesundheit. Dabei haben die Aussagen, in die die Personenkarte direkt hineinblickt, den höchsten Stellenwert für die Fragestellerin. Für den Kartendeuter zeigen sie meist, aus welchen Beweggründen die Fragestellerin seine Hilfe in erster Linie in Anspruch nehmen will. Zudem ergibt sich hier für die Fragestellerin die Möglichkeit, das Können des Kartenlegers bzw. der Kartenlegerin abzuschätzen.

Einblick in die unmittelbare Gegenwart der Fragestellerin aus dem Legebeispiel gibt folgende Kombination:

Schon seit längerem ist die Fragestellerin mit ihrer beruflichen und finanziellen Situation unzufrieden. Gesundheitlich geht es ihr bis auf vereinzelt auftretende Schmerzen in den Knochen (z. B. Rückenschmerzen) und sporadischen Stimmungsschwankungen recht gut. Mit etwas Geduld ist diese Phase jedoch bald überwunden.

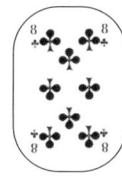

Die Kreuz 8 vor der Pik 9 (Unzufriedenheit) zeigt an, dass dieser Zustand schon einige Zeit besteht.

Die Kreuz 7 (Verzögerung) nach der Pik 9 verlangt Geduld, da die Situation noch etwas andauert.

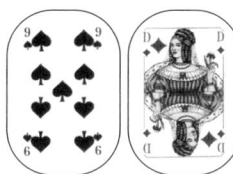

Kreuz und Karo Karten, die der Pik 9 anliegen, lassen den Kummer in beruflichen und finanziellen Belangen erkennen.

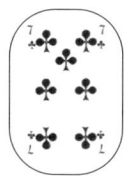

Pik Karten verweisen durch ihren negativen Aspekt auf Probleme im gesundheitlichen Bereich.

Eine genauere Definition des Problembereiches erhält man durch die umliegenden Karten. Hier sind es Kreuz Karten, die den Knochenbau symbolisieren. Da ihre Wertigkeiten und die der Pik Karte relativ gering sind, liegt jedoch kein gravierendes Problem vor. Die Pik 9 direkt an der Personenkarte deutet auf eine nicht ganz so gute Gemütsverfassung der Fragestellerin hin. Herz 8 und Karo 8 (vage Situation) beschreiben die Pik 9 als vage Gemütsverfassung – Stimmungsschwankungen.

Berufskarte (Kreuz As)

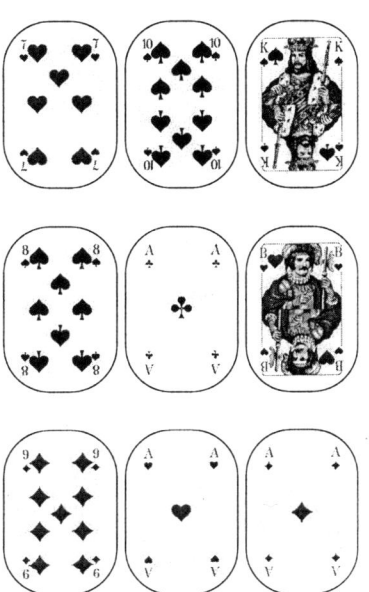

Beachte:

In diesem Fall ist die Berufskarte eine sogenannte Randkarte, was bedeutet, dass die Basiskarte nicht an allen Seiten an eine andere Karte anschließt (hier: obere Seite, die rechte, linke und direkt anliegende Karte). Um die Deutungsmöglichkeiten zu optimieren, schließt man diese Lücken mit Hilfe von Füllkarten. Diese erhält man, indem man hier die der Basiskarte gegenüberliegende untere Randkarte oben anlegt. Ebenso geht man bei der ihr rechts und links anschließenden Karte vor.

Die Fragestellerin liebt ihren Beruf, mit dem sie selbständig ist. Sie sieht ihre Arbeit als Berufung an.

Kreuz As mit Herz As bedeutet eigentlich soviel, wie die Arbeit, die man im Haus hat. Dennoch stehen sie auch für alle selbständigen Tätigkeiten (Geschäfte, Betriebe, Vertreter usw.), denen man außer Haus nach geht.

Der Herz Bube ist die Karte der größten Freude und Wunscherfüllung, was im beruflichen mit Berufung (Liebe und Überzeugung) zum Ausdruck kommt.

Die Erweiterung dieser Kartenkombination ergibt erneut eine Möglichkeit für die Fragestellerin, das Können des Kartenlegers bzw. der Kartenlegerin zu prüfen. Denn hier wird nicht nur die gegenwärtige berufliche Situation angesprochen, sondern auch die Vergangenheit beleuchtet.

Die Fragestellerin übt ihre selbständige Tätigkeit schon seit mehreren Jahren aus. Sie ist mit ihrer Arbeit, die vielschichtig ist, sehr angesehen. Zwar konnte sie bis jetzt noch keine Reichtümer erzielen, hat in Zukunft jedoch auch in finanzieller Hinsicht gute Aussichten auf gewinnbringende Erfolge.

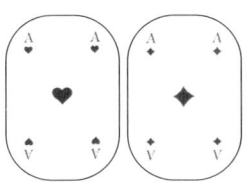

Da auf die Pik 10 (Jahreskarte) mehrere Asse folgen, werden aus einem Jahr mehrere Jahre. Diese beziehen sich auf die Vergangenheit der Fragestellerin, da die Pik 10 über dem Kreuz As liegt. Das Gleiche wäre der Fall, würde sie links von dem Kreuz As liegen.

Die Zukunft würde es betreffen, wenn es rechts von ihr oder darunter liegen würde. Keine Karo Karte in der Nähe der Pik 10 weist auf einen geringen Verdienst hin.

Das Karo As (Höchste Finanzkarte) zeigt große Zugewinne im finanziellen Bereich an. Der Plural Gewinne entsteht durch die Vervielfachung in Verbindung mit den Assen. Im Beruflichen kommt durch die Asse so die Vielschichtigkeit der ausgeübten Tätigkeit zum Ausdruck.

Beachte:

Asse vervielfältigen nicht nur Personen und Ereignisse. Besonders drei oder vier Asse beieinander schwächen umliegende negative Einflüsse ab bzw. verstärken die umliegenden positiven Einflüsse.

Nachträglich kann man in diese Kartenkombination den Pik König einfügen. Für seine Altersbestimmung gilt: Pik entspricht der Altersgruppe ab 50 Jahre.

Pik 10 symbolisiert hier die Vergangenheit, was in Kombination mit den Assen bedeutet, dass der Pik König wesentlich jünger sein muss. Der Herz Bube weist jedoch auf eine durchaus schon reife Persönlichkeit hin. Daraus ergibt sich ein Alter zwischen 35 und 40 Jahren.

Sein Blick direkt in diese Kartenkombination beschreibt ihn als jemanden, der die Arbeit der Fragestellerin schätzt, und durch den die Fragestellerin gegen Ende des Jahres (Pik 10) auch profitieren wird. Durch die Verbindung mit den Assen steht der Pik König aber auch als Symbol für mehrere Menschen. Mit dem Kreuz As handelt es sich hier um Personen, denen die Fragestellerin über ihren Beruf begegnet (z.B. Kunden oder Geschäftspartner). In der Folge bedeutet das für die Fragestellerin, dass sie künftig mehr Kunden haben wird. Ebenso wird sie in der Lage sein, die für ihren Erfolg notwendigen Kontakte zu knüpfen.

Der Pik König ist ein Mann, der in Trennung oder Scheidung lebt.

Aus dieser Erweiterung der Personenkarte des Pik König lässt sich Näheres zu seiner Person erfahren.

Herz Bube/Herz 10: Hochzeit (steht hier für eine bereits bestehende Ehe, da sie im Rücken der Personenkarte liegt).

Herz Bube/Pik Bube: Ein Wunsch der sich nicht erfüllt.

Herz 10/Pik Bube: Ende einer Liebe, Trennung

Herz Bube/Herz 10 / Pik Bube: Scheidung

Die nächste Kartenkombination liegt links neben der Berufskarte und weist somit in die Vergangenheit. Hier zeigt sich jedoch sehr schön die Mehrdeutigkeit einer Aussage, da durch die Begegnungskarte (Pik 8) sowie der Karte des sehr kurzen Zeitraumes (Karo 9) diese auch für Gegenwart und Zukunft gilt.

Die Fragestellerin erhält durch berufliche Begegnungen immer wieder kleinere Geldsummen.

Der Umgang mit Menschen, denen sie über ihre Arbeit begegnet, macht der Fragestellerin Freude.

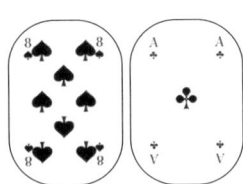

Auch hier entsteht durch die Wirkung der Asse der Plural von der Begegnung (Pik 8) und dem kleinen Geld (Karo 9).

Die Karo 9 hat hier auch eine Art Schlüsselfunktion und zwar in Verbindung mit der Pik 10 und der Pik 8.

Während sie in der Kombination mit der Pik 8 die gegenwärtigen, kleinen Einnahmen darstellt und in Verbindung mit der Pik 10 auf die ebenfalls geringen Einkünfte in der Vergangenheit hinweist, stellt sie, durch ihre Funktion als Zeitkarte, den Übergang zur vorherigen Kartenkombination (Erfolg, mehr Einnahmen) dar. Die Karo 9 zeigt damit an, dass die Fragestellerin schon in sehr kurzer Zeit wesentlich mehr Geld verdienen wird.

Familienkarte/Wohnen (Herz As)

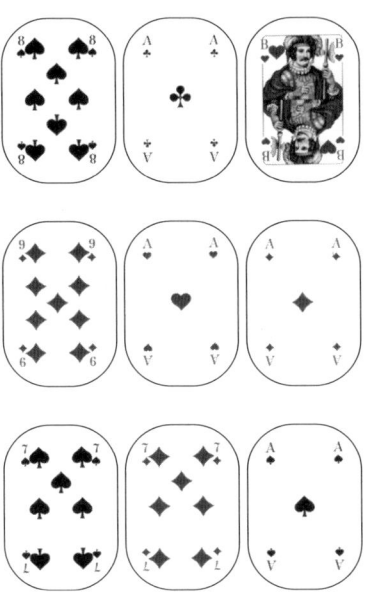

Merke:

Vier Asse, egal in welcher Kombination sie beieinander liegen, kündigen große Veränderungen und dauerhaftes Glück an. Sie stehen für einen neuen Lebensabschnitt.

Da ein neuer Lebensabschnitt eine sehr einschneidende Sache im Leben der Fragestellerin darstellt, sollte man diesem hier auch zuerst Beachtung schenken.

Die Fragestellerin wird eine Ehe eingehen, die sehr glücklich sein wird und ein Leben lang hält.

Diese Lebensverbindung wird sich auch sehr positiv auf die berufliche Entwicklung der Fragestellerin auswirken.

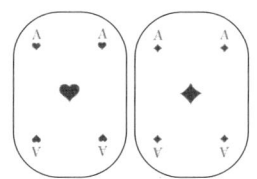

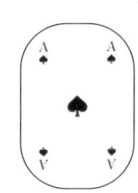

Herz As und Herz Bube stehen für die Ehe an sich. Die anliegenden Asse stehen hier nicht für mehrere Ehen, sondern in ihrer Grundbedeutung für das Glück und die Beständigkeit dieser einen, auf die Fragestellerin zukommenden Ehe.

Da Kreuz As (der Beruf) und Karo As (die Finanzen) direkt an den Karten der Ehe anschließen, stehen auch hier die folgenden Asse für Glück und Beständigkeit in den Bereichen Beruf und Finanzen. Wichtig für die Deutung eines Kartenausschnittes ist der Bezug zur Basiskarte.

Nur so lässt sich das Prinzip von Ursache und Wirkung erkennen. In diesem Fall ist die Basiskarte das Herz As. Mit dem Herz Buben (Ehe) hat sie dadurch Auswirkungen auf den Beruf (Kreuz As) und nicht umgekehrt der Beruf auf die Ehe.

Das Herz As ist auch ein Symbol für das Haus bzw. die Wohnung der Fragestellerin. Nachdem aus den vorherigen Kombinationen gravierende Veränderungen ersichtlich wurden (z.B. eine Ehe), sollte man auf eventuell daraus resultierende wohnliche Veränderungen achten.

Die Fragestellerin wird zu ihrer eigenen Überraschung sehr bald umziehen.

Ein Ortswechsel, der der Fragestellerin sehr gut bekommen wird, ist nicht auszuschließen.

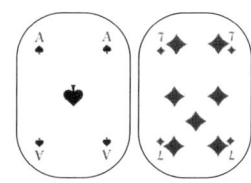

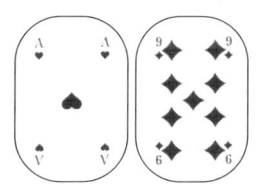

Die Karo 7 alleine steht nur für kleine Veränderungen, woraus man schließen kann, dass der bevorstehende Umzug für die Fragestellerin keine große Last darstellt.

Zusammen mit dem Pik As (Neubeginn) steht sie jedoch für einen Ortswechsel.

Mit Blick auf die Hauptaussage dieser Kartenkombination findet man den Grund für diesen Umzug. Er ist Folge der Heirat.

Die nächste Kartenkombination nimmt wieder Bezug auf gegenwärtige Ereignisse.

Die Fragestellerin erhält überraschenden Besuch.

Mit der Pik 7 (kleiner Kummer), die der Karo 9 direkt anliegt, wird deutlich, dass die Fragestellerin sich durch diesen unangekündigten Besuch etwas irritiert fühlt.

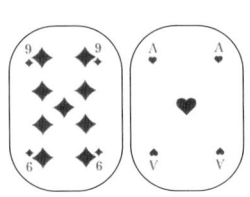

Sie ist nicht unbedingt ein sehr spontaner Mensch.

Die nebenstehende Karo 7 (kleine Veränderung) zeigt jedoch, dass die Fragestellerin mit diesen Situationen sehr gut umgehen kann.

Finanzkarte (Karo 10)

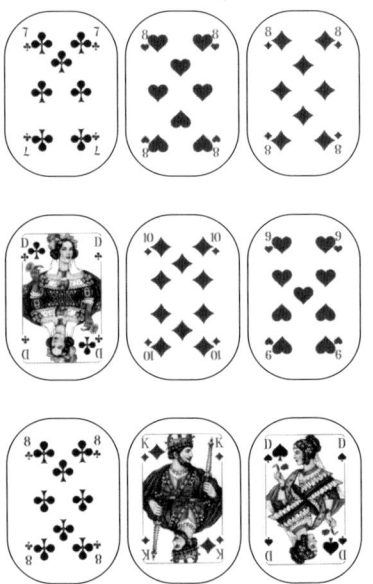

Zu Beginn sollte man stets die augenblickliche, finanzielle Lage der Fragestellerin betrachten. Damit gibt man ihr erneut die Möglichkeit, sich des Könnens des Kartendeuters zu versichern und schafft somit Vertrauen.

Die momentane finanzielle Lage bietet der Fragestellerin zur Zeit wenig Sicherheit.

Einnahmen sind gering und kommen nur zögerlich, was sich jedoch bald wesentlich verbessern wird.

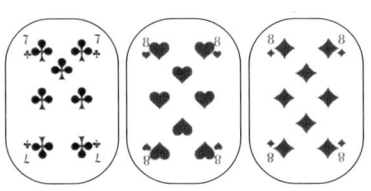

Herz 8 und Karo 8 stehen für die im Moment sehr vage finanzielle Lage der Fragestellerin.

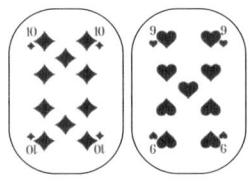

Durch die direkt anliegende Herz 9 bessert sich die Situation sehr zum Positiven. Kreuz 7 und Karo 10 stehen für Geldeinnahmen, die nur sehr langsam oder verspätet eintreffen.

Eine genauere Aufschlüsselung des nur mit Verzögerung eintreffenden Geldes wird durch die folgende der Kreuz 7 anschließenden Kartenkombination möglich.

Einige Kunden der Fragestellerin sind mit ihren Zahlungen seit geraumer Zeit im Rückstand.

Diese ausstehenden Zahlungen wird die Fragestellerin ohne Ausnahme in der nächsten Zeit erhalten.

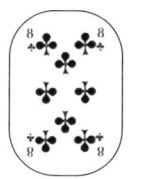

Die Kreuz Dame steht hier nicht nur für eine Frau, sondern symbolisiert als Kreuz Karte auch Menschen, mit denen die Fragestellerin beruflich Kontakt hat.

Verstärkt wird diese Bedeutung durch den anliegenden Karo König, der als Personenkarte auf die Mehrdeutigkeit der Kreuz Dame hinweist.

Was die Fragestellerin sonst noch in finanzieller Hinsicht zu erwarten hat, zeigt folgende Kombination:

Die Fragestellerin erlebt eine große Freude durch eine Frau, die ihr einen größeren Geldbetrag zukommen lässt.

Karo 10 und Herz 9 stehen hier für Geld, das von Herzen kommt, also ein Geldgeschenk. Die Pik Dame wird durch die Herz 9 als sehr herzliche Person beschrieben.

Da sie von ihrer Grundbedeutung her auch für die Großmutter steht, kann sie auch Symbol für eine nette, ältere Dame sein.

Zur Altersbestimmung der Pik Dame gilt: Pik steht für das Alter ab 50 Jahre. Die der Pik Dame anliegenden hohen Kreuz Karten (10 / Bube) weisen auf ein Alter bis ca. 75 Jahre hin und siedeln sie im beruflichen Umfeld der Fragestellerin an. Man achte hier auf das Anlegen der gegenüberliegenden Randkarten.

Karo und Herz Karten bescheinigen ihr trotz ihres hohen Alters einen jugendlichen und aufgeschlossenen Charakter.

Eine genauere Beschreibung der Pik Dame wird durch die Einzelaussagen der ihr anliegenden Kreuz Karten möglich: Sie wohnt weiter entfernt (Kreuz 10), ist sehr angesehen (Kreuz Bube) und reist mit öffentlichen Verkehrsmitteln, z.B. Bahn oder Flugzeug (Kreuz 10/Kreuz Bube).

Beachte:

Da in der Basiskombination die Frage nach dem finanziellen Lebensbereich der Fragestellerin zugrunde liegt, muss der Karo König nicht unbedingt für den Partner der Fragestellerin stehen. Ebensowenig die Pik Dame für dessen momentane Partnerin.

Beide können auch nur symbolisch für Personen stehen, die mit der Fragestellerin in finanziellen Angelegenheiten Kontakt haben.

Partnerschaft

Beachte:

Die hier als Basiskarte gewählte, männliche Personenkarte muss immer der für die Fragestellerin gewählten Personenkarte entsprechen.

Für einen Fragesteller gilt das gleiche in umgekehrten Sinn.

Da in diesem Beispiel die Karo Dame als Personenkarte für die Fragestellerin gewählt wurde, gilt hier der Karo König als Basiskarte.

In diesem Fall ist die Basiskarte eine sogenannte Randkarte, was bedeutet, dass sie nicht an allen Seiten an eine andere Karte anschließt (hier: obere Seite, die rechte, linke und direkt anliegende Karte). Um die Deutungsmöglichkeiten zu optimieren schließt man diese Lücken mit Hilfe von Füllkarten. Diese erhält man, indem man hier die der Basiskarte gegenüberliegende untere Randkarte oben anlegt. Ebenso geht man bei der ihr rechts und links anschließenden Karte vor.

Der zukünftige Partner der Fragestellerin ist finanziell sehr gut abgesichert.

Er ist ca. 35 bis 40 Jahre alt und sehr gefühlsbetont. Die Begegnung mit ihm bringt der Fragestellerin positive Veränderungen.

Seine momentane Partnerin liebt vor allem das Ansehen, das sie mit ihm genießt. Seine Gefühle haben sich von Liebe in Freundschaft geändert.

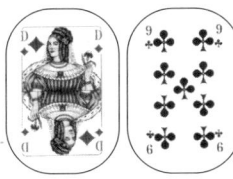

Die Karo 10 neben einer Personenkarte beschreibt stets die gesicherte, finanzielle Lage der Betreffenden, sofern keine abschwächenden Karten dabei liegen.

Zur Altersbestimmung des Karo Königs gilt: Karo steht für das Alter bis 30 Jahre.

Die anliegende Pik Dame deutet jedoch ein höheres Alter an, welches sich durch Karo 10 und Herz 9 auf ca. 35 bis 40 Jahre beläuft.

Die Kombination Karo König/Karo 10 steht nicht nur für den gut situierten Partner, sondern auch für einen gesellschaftlich angesehenen Mann.

Kreuz 9 zeigt die Veränderung zur Freundschaft (Kreuz Karte), so ist es auch erst Freundschaft mit der Fragestellerin, bevor es Liebe wird.

Da die Pik Dame direkt in die hohen Karo Karten (König/Dame/10) blickt, beschreibt sich ihre innere Einstellung als sehr materialistisch beziehungsweise sehr sicherheitsdenkend.

Weitere Einblicke in das Leben des zukünftigen Partners der Fragestellerin gibt die links von ihm liegende Kartenkombination. Für die richtige Deutung gilt zu beachten, dass sich die Seite, die im Rücken einer Personenkarte liegt, auf deren Vergangenheit bezieht.

Der künftige Partner der Fragestellerin stammt aus einer guten Familie.

Die Fragestellerin hat in den ersten Monaten der Beziehung große Angst, den Partner wieder zu verlieren.

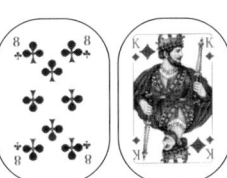

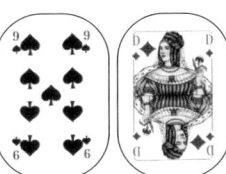

Die Kreuz Dame symbolisiert hier zum einen die Familie des Karo Königs. Auch hier steht die Karo 10 für gut situiert bzw. angesehen oder eine »gute« Familie.

Zum anderen wirkt die Kreuz Dame auch in ihrer Bedeutung als Frau. Da sie dem Karo König anliegt auch als mögliche (beachte: zwei Personenkarten = Plural) Partnerinnen. Diese Frauen verbindet jedoch nur Freundschaft (Kreuz Karte) oder materialistische (Karo Karte) Beweggründe.

Außerdem zeigt der Karo König kein großes Interesse an ihnen, da sie ihm im Rücken liegen. Verstärkt wird diese Aussage noch von der Kreuz 8, die im Rücken des Karo Königs auf einen Zeitraum in der Vergangenheit hinweist.

Da die Kreuz 8 für die Kreuz Dame jedoch in die Zukunft weist (beide Karten liegen auf gleicher Höhe), ergibt sich folgende Deutung: Obwohl sich der Karo König in der Partnerschaft mit der Fragestellerin nicht mehr für andere Frauen interessiert, wird er noch von diesen aus rein materialistischen Beweggründen umschwärmt. Diese Tatsache löst bei der Fragestellerin zu Beginn der Partnerschaft die Angst, den Partner zu verlieren (Pik 9), aus.

Begegnungen (Pik 8)

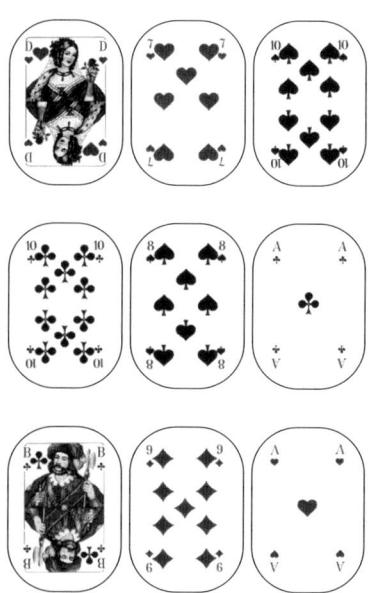

Beachte:

In diesem Fall ist die Begegnungskarte eine sogenannte Randkarte, was bedeutet, dass die Basiskarte nicht an allen Seiten an eine andere Karte anschließt (hier: obere Seite, die rechte, linke und direkt anliegende Karte).

Um die Deutungsmöglichkeiten zu optimieren, schließt man diese Lücke mit Hilfe von Füllkarten. Diese erhält man, indem man hier die der Basiskarte gegenüberliegende untere Randkarte oben anlegt. Ebenso geht man bei der ihr rechts und links anschließenden Karte vor.

Durch die Begegnung mit einer Frau, die beruflich sehr viel unterwegs ist (auch im Ausland), kommt es für die Fragestellerin überraschend zu einem beruflichen Vertrag.

Dadurch ergeben sich für die Fragestellerin auch kurzfristig berufliche Reisen.

Kreuz 10 und Pik 8 symbolisieren eine Begegnung auf einer Reise. Durch die der Pik 8 anliegenden Kreuz und Herz As handelt es sich hier um mehrere Reisen.

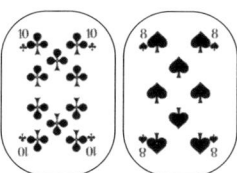

Für die Altersbestimmung der Frau gilt: Herz steht für das Alter ab 40 Jahre. Die nebenstehende Herz 7 sowie die hohe Kreuz und niedrige Pik Karte zeigen ein Alter bis ca. 45 Jahre an.

Da der Kreuz Bube (Vertrag) und das Kreuz As (Beruf)

direkt an die Reisen (Kreuz 10/Pik 8) anschließen, ergeben sich für die Fragestellerin durch den abgeschlossenen Vertrag mehrere berufliche Reisen.

Durch die Herz 7, die ebenfalls direkt anliegt, sind die Reisen sehr positiv.

Auch die rechts von der Pik 8 liegende Kartenkombination bezieht sich auf den Beruf der Fragestellerin. Daraus wird deutlich, dass dieser Lebensbereich in der kommenden Zeit eine sehr bedeutende Rolle darstellen wird.

Beständige Einnahmen fließen durch berufliche Begegnungen. Das kommende Jahr bringt der Fragestellerin einen schnellen beruflichen Aufstieg.

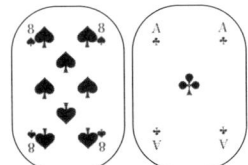
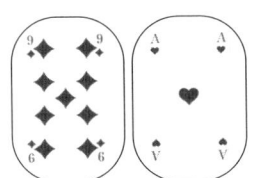

Durch das Kreuz As und Herz As verdoppeln sich auch hier alle Aussagen. So heißt die eigentliche Aussage hier: Viele Begegnungen über den Beruf bringen jeweils kleine Geldsummen, was durchaus eine Form der Beständigkeit ist.

Die Karo 9 erhält hier die Bedeutung von Schnelligkeit, da sie in Bezug auf eine Zeitkarte (Pik 10) gedeutet wird.

Eine Besonderheit in dieser Kartenkombination stellen die Karten Kreuz und

Herz As dar, die in dem großen Legebild in Verbindung mit dem Karo As und dem Pik As stehen (Glück, große Veränderungen).

Man bezieht das Karo und Pik As in die Deutung mit ein, obwohl sie in dem Kartenausschnitt von neun Karten nicht vorkommen.

Reisen (Kreuz 10)

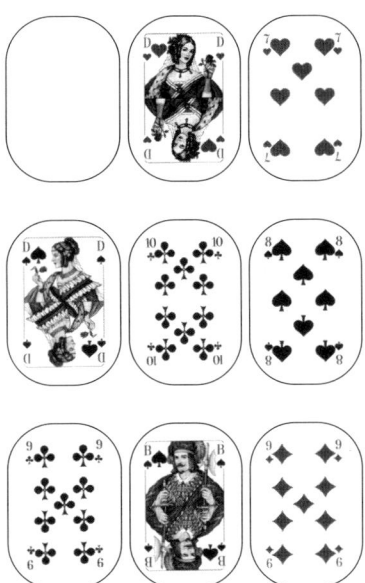

Beachte:

In diesem Fall ist die Reisekarte eine sogenannte Eckkarte, was bedeutet, dass die Basiskarte nicht an allen Seiten an eine andere Karte anschließt (hier: obere Seite, die rechte, linke und direkt anliegende Karte, sowie linke Seite, die untere, obere und direkt anliegende Karte).

Um die Deutungsmöglichkeiten zu optimieren, schließt man diese Lücken mit Hilfe von Füllkarten.

Diese erhält man, indem man hier die der Basiskarte gegenüberliegende untere Eckkarte oben anlegt. Bei der ihr rechts anliegenden Karte legt man die ihr gegenüberliegende, untere Randkarte oben an. An die Stelle der fehlenden, linken anliegenden Karte legt man die der Basiskarte rechts gegenüberliegende Eckkarte.

Die fehlende untere Karte auf der linken Seite ersetzt man durch die rechts, der Karte unter der Basiskarte, gegenüberliegenden Randkarte.

Hinweis:
Bei der Erweiterung der Kartenkombination um eine Eckkarte herum, bleibt stets eine Kartenposition unbesetzt.

Die Fragestellerin erfährt, dass eine Frau, mit der sie beruflich zu tun hat, umzieht.

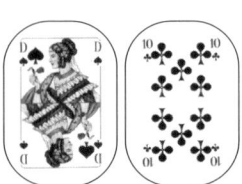

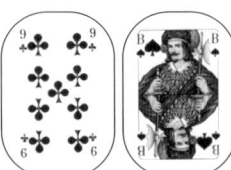

Für die Altersbestimmung der Pik Dame gilt: Pik steht für das Alter ab 50 Jahre.

Durch die umliegenden hohen Kreuz Karten ist sie 50 bis 55 Jahre alt. Die Kreuz Karten, die an der Pik Dame anliegen sowie der Kreuz Bube (Kommunikation), weisen auf eine berufliche Verbindung zur Fragestellerin hin, die in erster Linie aus Gesprächen und weniger aus persönlichen Begegnungen besteht.

Die folgende Kartenkombination ist eine erweiterte Form der Kombination vom Abschnitt Begegnungen. Hier lässt sich gut erkennen, dass Erweiterungen durchaus zu neuen Aussagen führen. In diesem Fall ergänzt sich nicht die Beschreibung der bereits erwähnten Herz Dame, sondern man erkennt, dass die Herz Dame ein Symbol für zwei ganz verschiedene Frauen ist.

Die Fragestellerin erhält Besuch von ihrer Mutter (Eltern), die etwas entfernt von ihr wohnt.

Bei ledigen Fragestellern steht die Herz Dame auch für die Mutter (Herz König analog für den Vater).

Für ihre Altersbestimmung gilt: Herz steht für das Alter ab 40 Jahre.

Pik steht für das Alter ab 50 Jahre.

Zusammen mit einer zweiten Pik Karte und einer hohen Kreuz Karte liegt ihr Alter bei 60 bis 65 Jahren.

Die Entfernung drückt sich in der Reise aus, die die Mutter unternehmen muss, um zu ihrer Tochter zu kommen. In Deutungen, in denen es um die Eltern geht, ist es auch wichtig, das Verhältnis der Mutter oder des Vaters zur Fragestellerin zu beleuchten.

In diesem Fall geht es um die Mutter, die durch die sehr niedrige Herz 7 (und da keine weiteren Herz Karten vorhanden sind) sehr schwer Emotionen und Gefühle zum Ausdruck bringen kann. Die umliegenden Pik und Kreuz Karten zeigen sie als einen zu Depressionen neigenden Menschen.

Mit einem Blick auf das Gesamtlegebild erkennt man durch den großen Abstand zwischen Karo Dame und Herz Dame, dass die Fragestellerin kein allzu inniges Verhältnis zu ihrer Mutter hat.

Da im nachfolgenden Legebeispiel die Kreuz 10 und die Pik 8 nebeneinander liegen, fließen hier beide Deutungsbereiche ineinander. Dadurch wiederholt sich der Bereich der Begegnungen, ergänzt durch die Reisekarte.

Die Fragestellerin hat Freude an Begegnungen mit Menschen, die von weiter her kommen und ihr kleine Geldeinnahmen bringen.

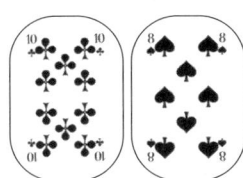

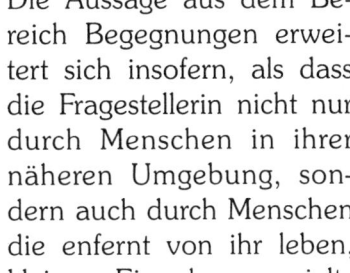

Die Aussage aus dem Bereich Begegnungen erweitert sich insofern, als dass die Fragestellerin nicht nur durch Menschen in ihrer näheren Umgebung, sondern auch durch Menschen die enfernt von ihr leben, kleinere Einnahmen erzielt.

Der anliegende Kreuz Bube weist darauf hin, dass diese Kontakte nicht nur persönliche Begegnungen sind,

sondern auch brieflich oder telefonisch stattfinden. Die Kombination Kreuz Bube mit Karo 9 steht auch für kleinere Geldsummen, die die Fragestellerin per Post oder Bank erhält.

Jahreskarte (Pik 10)

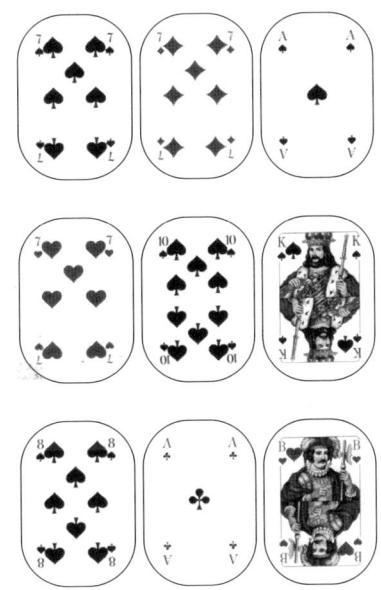

Beachte:

In diesem Fall ist die Jahreskarte eine sogenannte Randkarte, was bedeutet, dass die Basiskarte nicht an allen Seiten an eine andere Karte anschließt (hier: untere Seite, die rechte, linke und direkt anliegende Karte).

Um die Deutungsmöglichkeiten zu optimieren, schließt man diese Lücken mit Hilfe von Füllkarten.

Diese erhält man, indem man hier die der Basiskarte gegenüberliegende obere Randkarte unten anlegt. Ebenso geht man bei der ihr rechts und links anschließenden Karten vor.

Ereignisse aus der Vergangenheit, die in der Gegenwart noch andauern

In der Vergangenheit sah die Fragestellerin ihre Arbeit mit gemischten Gefühlen.

Beruflich ging alles nur sehr stockend voran.

Sie liebte ihre Arbeit und hatte gleichzeitig das Gefühl, dass ihre Arbeit sie überforderte.

Herz Karten stehen für Gefühle. Zwei Siebener Karten für die Liebe.

Die Kombination Pik (negativ)/Herz (positiv)/Pik (negativ) zeigt das auf und ab der Gefühle.

Pik 10 und Pik 8 sind eigentlich ein Symbol für das Krankenhaus. In Verbindung mit dem Kreuz As stehen sie jedoch für krankmachende Arbeit beziehungsweise Überforderung.

Die fehlenden Karo Karten weisen auf einen nur geringen Verdienst hin. Man kann somit sagen, dass eine Arbeit, die wenig Geld einbringt, vor allem weil die Fragestellerin selbständig ist, kaum Erfolge zu verzeichnen hat (man kommt nicht voran).

Ereignisse in der Gegenwart bis zum Jahreswechsel

Nach Unsicherheiten in der Vergangenheit wird die Fragestellerin bis zum Jahreswechsel in ihrer Arbeit bestätigt.

Sie erfährt von einem Krankenhausaufenthalt einer Person, mit der sie es beruflich zu tun hat.

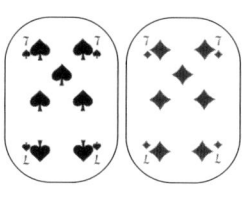

Drei Siebener Karten stehen für die Bestätigung einer Situation.

Hier geht es um Zweifel, die die Fragestellerin in Bezug auf ihren Beruf hat.

Sie stellt sich die Frage: Bin ich für diese Arbeit wirklich geeignet, oder sollte ich einen anderen Beruf wählen?

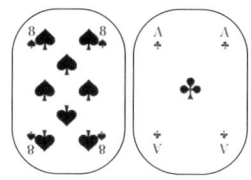

Bezogen auf diese Frage bestätigen die drei Siebener Karten der Fragestellerin, dass die Entscheidung für ihre Tätigkeit das Richtige ist. Sie weisen mit der Pik 10 darauf hin, dass sie dies bis zum Ende des Jahres erkennen wird.

Pik 10 und Pik 8 sind ein Symbol für das Kranken-haus. Das Kreuz As steht hier zum einen für die Nachricht über diesen Krankenhausaufenthalt und zum anderen ordnet sie die betreffende Person (Pik König) in das berufliche Umfeld der Fragestellerin ein.

Ereignisse, die im kommenden Jahr statt-finden

Es kündigen sich Veränderungen an, die im kommenden Jahr für die Fragestellerin zu ei-nem Neubeginn führen.

Ein schon etwas älterer Mann wird entschei-dend zu den beruflichen Veränderungen beitra-gen. Die Zusammenarbeit mit ihm ist für beide Seiten sehr erfreulich.

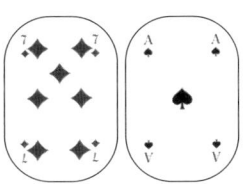

Für die Altersbestimmung des Mannes gilt: Pik steht für das Alter ab 50 Jahre.

Durch die umliegenden ho-hen Pik Karten (10/As) so-wie das Kreuz As und den Herz Buben (sie schwächen die Pik Karten wieder etwas ab) liegt sein Alter zwischen 50 bis 55 Jahren.

Kreuz As und Herz Bube stehen auch beim Pik König für die Liebe zu seinem Be-ruf. Da das Kreuz As aber auch die Berufskarte der

Fragestellerin ist, symbolisiert der Herz Bube auch die Freude beider an ihrer Zusammenarbeit.

Da dem Pik König zwei Asse anliegen, erkennt man, dass er ein Symbol für mehrere Personen ist. Durch das Kreuz As repräsentiert er ganz allgemein Perso-nen, die der Fragestellerin durch ihre Arbeit begeg-nen (Kunden). Zum anderen steht er jedoch auch für einen ganz bestimmten Kunden, wie die nächste Kartenkombination zeigt.

Die Fragestellerin erfährt von einem Kunden, dass sein Krankenhausaufenthalt einen sehr po-sitiven Befund nach sich gezogen hat.

Für die Altersbestim-mung des Kunden gilt: Pik steht für das Alter ab 50 Jahren.

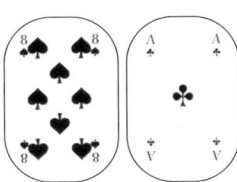

Die hohe Pik 10 mit dem sie wieder ab-schwächenden Kreuz As und dem Herz Buben legen sein Al-ter auf 50 bis 55 Jahre fest.

Das Kreuz As steht hier auch für die Arbeit des Krankenhauses (Untersuchungen, Befund).

Der Herz Bube ist ein Symbol für den positiven Ausgang und die Freude über die Nachricht.

Wichtig:

Es gilt, bei Deutungen darauf zu achten, dass eine Karte oft mehrere Bedeutungen haben kann. Dies gilt besonders dann, wenn wie hier das Kreuz As nicht nur einen Bezug zur Fragestellerin, sondern auch zu Situationen unabhängig von ihr hat. So steht wie in diesem Beispiel das Kreuz As auf der einen Seite für den Beruf der Fragestellerin und auf der anderen für die Tätigkeit des Krankenhauses, den Beruf einer anderen Person, ordnet umliegende Personenkarten in das berufliche Umfeld der Fragestellerin ein und erscheint auch in ihrer Bedeutung als Nachricht.

Schnelligkeit, in Kürze (Karo 9)

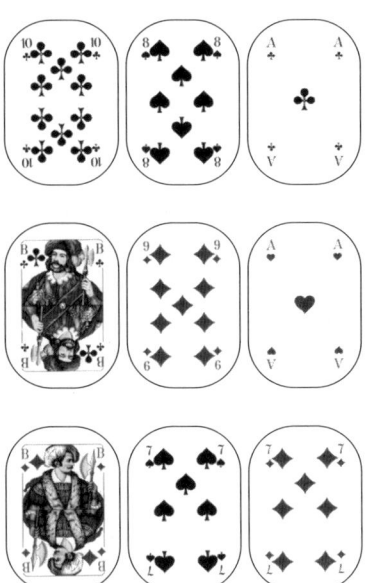

Beachte:

Dieser Ausschnitt aus dem Legebeispiel enthält die Kartenkombination Pik 7/Karo 7, die im Gesamtlegebild noch von der Herz 7 ergänzt wird.

Da das Zusammentreffen dreier Siebener eine besondere Bedeutung hat (Bestätigung einer Situation oder Sache), wird hier die Herz 7, obwohl sie nicht in diesen Kartenausschnitt hineinfällt, dennoch zur Deutung dieses Abschnitts mit einbezogen.

Das Gleiche gilt für die Kombination Kreuz As/ Herz As, die im Gesamtlegebild mit Karo As und Pik As ebenfalls eine Besonderheit bilden (große Veränderungen, dauerhaftes Glück).

Eine unerwartete Reise verhilft der Fragestellerin zu einer Begegnung, durch die ein Vertrag zustande kommt.

Dieser Vertrag bringt der Fragestellerin in Kürze beruflich und finanziell großes Glück.

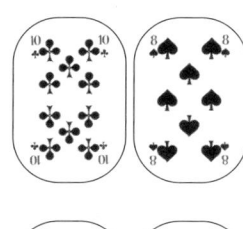

Für die Karo 9 gilt: Steht die Karo 9 nach einem Ereignis, einer Situation oder einer Person hat sie die Bedeutung von unerwartet bzw. überraschend.

Steht die Karo 9 vor einem Ereignis, einer Situation oder einer Person hat sie die Bedeutung von in Kürze bzw. sehr bald.

Da der Reisekarte (Kreuz 10) eine hohe Kreuz Karte (Bube) anliegt, charakterisiert sich die Reise als berufliche Fahrt.

Der Karo Bube (großes Glück) wirkt durch die umliegende Kreuz und Karo Karte in den Lebensbereichen Beruf und Finanzen der Fragestellerin.

Unerwartet auftauchende Situationen oder Ereignisse ziehen meist sehr schnell Veränderungen nach sich, wie die folgende Kartenkombination zeigt.

In naher Zukunft ergeben sich für die Fragestellerin positive Veränderungen innerhalb ihrer Selbständigkeit. Auch privat steht ihr eine Veränderung in Form eines Umzuges bevor.

Die Fragestellerin geht in einen neuen Lebensabschnitt, der ihr sehr viel Glück und Erfolg bringen wird.

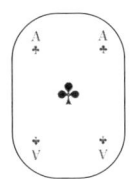

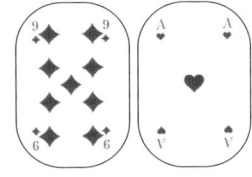

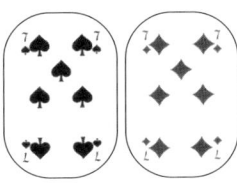

Alle Veränderungen werden hier durch die Karo 7 angezeigt.

In Verbindung mit der Pik 7 charakterisiert sich der Umzug (Herz As/Karo 7) als eine Veränderung aus privaten Gründen (zwei Siebener Karten = Liebe).

Positive Veränderungen in der Selbständigkeit (Kreuz As/Herz As/Karo 7) werden durch das anliegende Karo As und Pik As in ihrer großen Bedeutung für das Leben der Fragestellerin noch unterstrichen.

Die Bestätigung, dass Erfolg und Glück (vier Asse) im neuen Lebensabschnitt auch von Dauer sind, erhält man durch die der Kartenkombination Pik 7/ Karo 7 anliegenden Herz 7.

In dieser Dreierkombination wird die Aussage »Ja, so ist es« wirksam.

Auch hier ist zu beachten, dass jede Karte, wie in diesem Beispiel die Pik 7, mehrere Funktionen übernehmen kann. So ist sie nicht nur in der Kombination von zwei oder drei Siebener Karten von Bedeutung, sondern auch in ihrer Einzelaussage.

Briefe oder Nachrichten, in denen es um Geld geht (z.B. Rechnungen), bereiten der Fragestellerin ein wenig Kummer.

Die Pik 7 wird hier in ihrer Einzelaussage (kleiner Kummer) gedeutet.

Dem Kreuz Buben (Nachricht) liegen zwei Karo Kar-ten an. Da bezieht sich der Inhalt auf den finanziellen Bereich.

Die der Pik 7 anliegende Karo 7 löst diesen ohnehin kleinen Kummer wieder auf.

Der Karo Bube weist in seiner Funktion als Glücksbote auch auf das gute Geschick der Fragestellerin in ihren finanziellen Belangen hin.

Ein weiterer Hinweis darauf, dass sich die Fragestellerin keine allzu großen Sogen um ihre Finanzen machen muss, findet sich in einer anderen Kartenkombination.

Die Fragestellerin hat immer wieder kleinere Geldeinnahmen über die Arbeit.

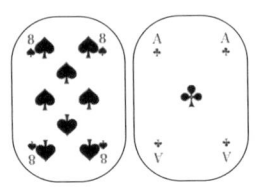

Auch hier vervielfacht sich das kleine Geld (Karo 9) durch die anliegenden Asse.

Die Pik 8 (Begegnung) ist hier ein Symbol für den Begriff Einnahmen (Geld, das einem begegnet).

Da die Karo 9 keine allzu hohe Zahlenkarte ist, definiert sie die eingehenden Geldbeträge als eher kleinere Summen.

Verzögerung (Kreuz 7)

Da in diesem Legebeispiel die Karte der Verzögerung (Kreuz 7) direkt vor der Personenkarte der Fragestellerin (Karo Dame) liegt, erhält sie hier zusätzlich die Bedeutung von Geduld.

Die Wichtigkeit dieser zweiten Deutungsvariante ist in der folgenden Kartenkombination zu erkennen.

In ihrer momentanen Situation sollte die Fragestellerin, auch wenn es ihr schwer fällt, ein wenig Geduld aufbringen. Mit der Zeit wird sich ihr derzeitiger Kummer auflösen.

Geld, auf das sie schon seit längerem ungeduldig wartet, wird jetzt endlich eintreffen.

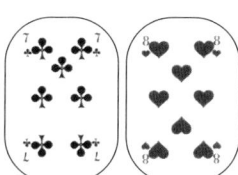

Geduld (Kreuz 7) zu haben fällt der Fragestellerin momentan schwer (Pik 9).

Die Herz 8 (Freude) zeigt jedoch, dass sich ihr derzeitiger Kummer in einiger Zeit auflösen wird.

Die Geldkarte (Karo 10) ist hauptsächlich von Kreuz Karten umgeben. Es scheint sich hier um Einnahmen aus der Arbeit der Fragestellerin zu handeln.

Aus dem vollständigen Kartenausschnitt ist jedoch zu erkennen, dass der Kreuz Dame zusätzlich noch der Herz König anliegt, daraus lässt sich schließen,

dass die Kreuz Dame ein Symbol für mehrere Personen ist. Durch die anschließende Herz 8 ist sie auch eine Frau aus dem familiären Kreis, von der die Fragestellerin ebenfalls Geld zu erwarten hat.

Durch den Herz König handelt es sich um eine Verwandte väterlicherseits.

Eine dritte Deutungsmöglichkeit der Kreuz 7 zeigt diese Kartenkombination.

Anhaltender Kummer des Vaters der Fragestellerin bringt beide mit der Zeit einander näher.

Der Vater wird ihr zum guten Freund, auch wenn er der Fragestellerin seine Gefühle nur sehr zögerlich zeigen kann. Beide machen sich Sorgen um eine Frau aus der Familie.

Der Kreuz König steht hier nicht unbedingt für eine Person, sondern charakterisiert den Herz König (Vater) als guten Freund.

Pik 9 und Kreuz 7 symbolisieren den anhaltenden Kummer des Vaters.

Die Herz 10 zwischen Herz König und Kreuz Dame zeigt die Zuneigung, die den Vater mit der Frau aus der Familie verbindet, zum Beispiel eine Lieblingstante.

176

Da Pik 9 und Kreuz 7 auch der Personenkarte der Fragestellerin (Karo Dame) anliegen und zudem in direkter Folge zur Kreuz Dame stehen, geben sie Auskunft über die Sorgen, die sich die Fragestellerin und ihr Vater gemeinsam um diese Frau machen.

Herz 10 (Gefühle) und Kreuz 7 (Zögerlichkeit) stehen für die Probleme, die der Vater hat, seine Gefühle zu zeigen.

Kurzer Zeitraum, bis / innerhalb vier Monate (Kreuz 8)

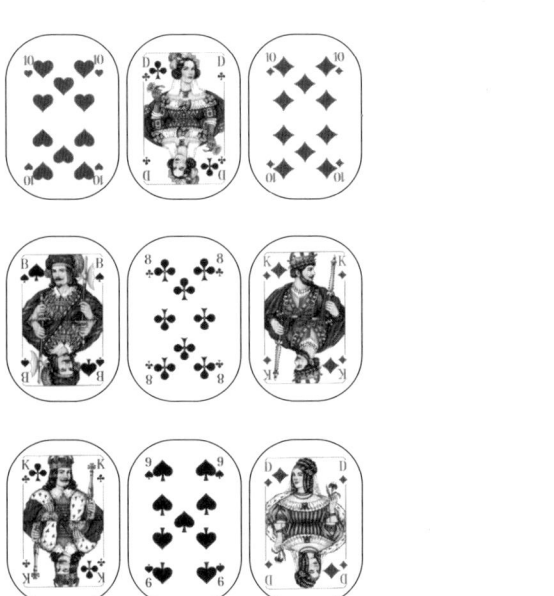

Beachte:
In diesem Fall ist die Karte des kurzen Zeitraumes eine sogenannte Randkarte, was bedeutet, dass die Basiskarte nicht an allen Seiten an eine andere

Karte anschließt (hier: obere Seite, die rechte, linke und direkt anliegende Karte).

Um die Deutungsmöglichkeiten zu optimieren, schließt man diese Lücken mit Hilfe von Füllkarten. Diese erhält man, indem man hier die der Basiskarte gegenüberliegende untere Randkarte oben anlegt. Ebenso geht man bei der ihr rechts und links anschließenden Karte vor.

Die Fragestellerin erfährt von einem Ehepaar, das im Begriff ist, sich zu trennen.

Anfangs wird eine Scheidung angestrebt, die jedoch nach ca. vier Monaten fallen gelassen wird.

Der Mann, der wesentlich jünger ist als seine Frau, ist in den nächsten Monaten verstärkt suchtgefährdet, zum Beispiel durch Alkohol.

Der Pik Bube zwischen Kreuz Dame und Kreuz König weist auf die Trennung des Paares hin.

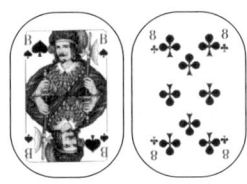

Die Herz 10 neben der Kreuz Dame beschreibt die Bindung der beiden in einer Ehe, die durch den Pik Buben jedoch getrennt wird (Scheidung). Dass es zu dieser Scheidung nicht kom-men wird, erklärt die Pik 9, die den Verlust der Trennung anzeigt.

Hohe Pik Karten um eine Personenkarte, wie hier um den Kreuz König, weisen auf Suchtgefahren hin, soweit keine weiteren Herz, Karo oder Kreuz Karten auf gesundheitliche Beschwerden hinweisen.

Das höhere Alter der Frau ergibt sich aus dem ihr anliegenden Pik Buben. Die Kreuz 8 beziffert den Altersunterschied auf ca. 5 bis 10 Jahre. Beruflich haben sie erhebliche Schwierigkeiten, da Kreuz und Pik Karten eng beieinander liegen.

Den Bezug dieses Paares zu der Fragestellerin bzw. was die Fragestellerin im Umgang mit diesem Paar beachten sollte, macht diese Kombination deutlich.

Die Freundschaft mit der Frau des Paares wird die Fragestellerin innerhalb der nächsten vier Monate beenden.

Dies sollte sie auch tun, da der Fragestellerin durch ihre neue Partnerschaft von diesem Paar viel Neid entgegen gebracht wird.

Zwischen der Personenkarte der Fragestellerin (Karo Dame) und den Kreuz Personenkarten liegen hauptsächlich Pik Karten (Pik 9 = Falschheit, Pik Bube = Betrug). Hier zeigt sich, dass diese Verbindung sehr schlechte Aspekte hat.

Viele Pik Karten in einer Verbindung deuten auch stets Neidgefühle an. Der aufkommende Neid bezieht sich auf die Karo 10, die man hier auch als persönlichen Wohlstand deuten kann.

Zwar geht es für die Fragestellerin mit der neuen Partnerschaft auch um finanziellen Zugewinn, doch blickt die Kreuz Dame eher auf den Wohlstand in der Partnerschaft, der im großen Unterschied zu ihrer eigenen Ehe steht.

Das Abdecken

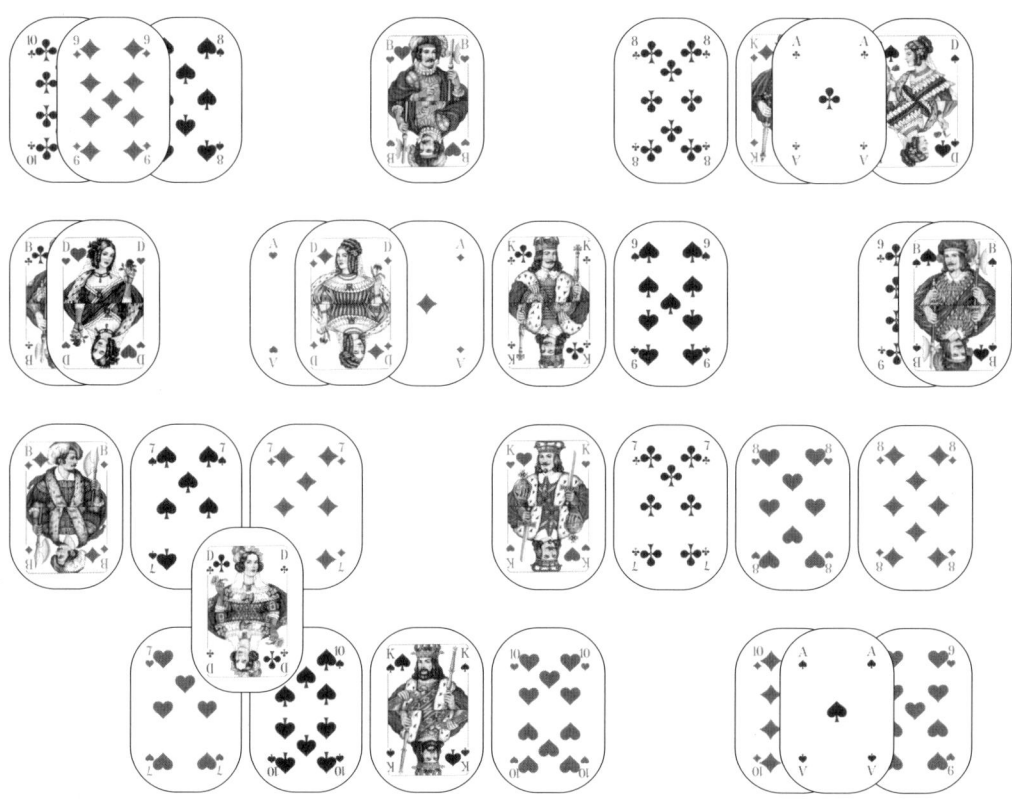

Deutung der erweiterten Karten-kombinationen

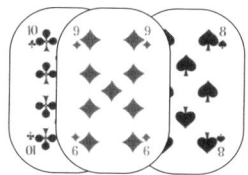

Eine Reise, die unerwartet stattfindet.

Die bestehende Kombination Kreuz 10/Pik 8 (eine Reise) erhält durch die Karo 9 (unerwartet) eine genauere Definition.

Dieser erweiterten Kartenkombination liegt die nächste direkt an. Deshalb werden beide Kombinationen in Bezug zueinander gesetzt, wobei die umliegenden Karten in die Deutung mit einbezogen werden.

Eine in der Öffentlichkeit stehende Frau.

Verbindet man nun diese Aussage mit der vorherigen Kombination, liegt dem Kreuz Buben oberhalb die Kreuz 10 und unterhalb der Karo Bube an.

Da in der Einzeldeutung (Kreuz Bube/ Herz Dame) der Kreuz Bube eher für die Öffentlichkeit als für einen Vertrag steht, wird er auch mit dieser Bedeutung in der Deutung der Kombinationsverbindung verwendet.

So lautet die erweiterte Aussage:

Eine Reise zu einer in der Öffentlichkeit stehenden Frau bringt großes Glück bzw. Erfolg.

Aus der nächsten Kartenkombination lassen sich mehrere Aussagen ableiten. Die erste Betrachtung gilt jedoch der Kombination selbst, da sie die Persönlichkeit der Fragestellerin repräsentiert (Herz As= Haus, Familie und Karo Dame = die Fragestellerin selbst).

Der Beginn eines neuen Lebensabschnittes für die Fragestellerin.

Nähere Auskunft über die Art des neuen Lebensabschnitts geben die umliegenden Karten:

mit Herz Bube   Hochzeit der Fragestellerin
mit Karo As   Regelung der Finanzen
mit Karo 7   Umzug der Fragestellerin

Erweitert man diese Kartenkombination nun um die im Legebild darunter liegende, erhält man folgende Aussage:

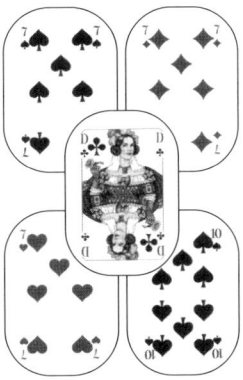

Die Fragestellerin erhält bis Ende des Jahres die Bestätigung einer Situation oder eines Ereignisses, die eine Frau aus ihrem beruflichen bzw. privaten Umfeld betrifft.

Die drei Siebener stehen hier für die Bestätigung einer hier noch nicht näher bezeichneten Situation oder eines Ereignisses.

Die Pik 10 steht hier für den Zeitraum bis Ende des Jahres, da die Siebener-Kombination vor ihr liegt.

Das Alter der Kreuz Dame liegt bei 35 bis 40 Jahren.

Kreuz weist auf ein Alter bis 40 Jahren hin.

Die umliegenden Siebener Karten zeigen an, dass sie von der 40 noch ein ganzes Stück entfernt ist.

Die Pik 10 deutet jedoch darauf hin, dass sie die Mitte 30 bereits überschritten hat.

Um nun genauere Informationen über die Art des Ereignisses oder der Situation zu erlangen, die hier angesprochen ist, folgt man der Blickrichtung der Kreuz Dame im Kartenbild.

Zu beachten ist hierbei, dass die nun zur Erweiterung herangezogene Kartenkombination nicht nur in Blickrichtung der Kreuz Dame liegen muss, sondern auch mit der Kombination Herz As/Karo Dame eine direkte Verbindung haben muss.

In diesem Fall ist es folgende Kombination:

Die Fragestellerin bekommt von einem Mann aus ihrem privaten bzw. beruflichen Umfeld die Nachricht von seiner bevorstehenden Hochzeit.

Herz As und Herz Bube stehen hier einmal für die Hochzeit der Fragestellerin, doch in der Verdopplung durch das Karo As zeigen sie auch die Hochzeit des Kreuz Königs an.

Das Karo As kommt hier auch in seiner Bedeutung als Nachricht vor.

Beachte:
Da in dieser Kombinationsergänzung die Pik 10 an den Herz Buben gelegt werden kann und somit die Kombination Herz As/Herz Bube hinter der Pik 10 liegt, ergibt sich folgende Gesamtaussage:

Die Fragestellerin erfährt bis Ende des Jahres von einer im nächsten Jahr stattfindenden Hochzeit eines ihr bekannten bzw. befreundeten Pärchens.

Wie im regulären Deutungschema werden auch der abgedeckten Kartenkombination mögliche, ergänzende Karten angelegt.

Beachte:

Sind die anzulegenden Karten (oder Karte) selbst Teil einer abgedeckten Kartenkombination, so werden nicht nur die benötigten Karten (oder Karte) angelegt, sondern die gesamte Kartenkombination.

In diesem Fall handelt es sich um die Kombination einer unerwarteten Reise der Fragestellerin.

Das der Fragestellerin bestätigte Ereignis steht in Verbindung mit einer Reise, die die Fragestellerin unternimmt.

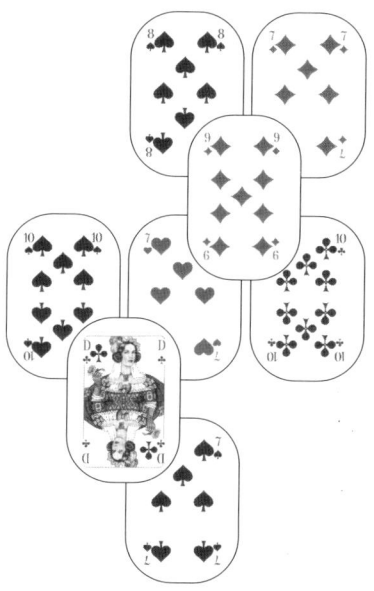

Da die Kartenkombination Kreuz 10/Karo 9/Pik 8 in ihrer regulären Position (vor dem Anlegen) in Bezug zur Fragestellerin gedeutet wurde, behält sie diesen Charakter auch nach dem Anlegen bei.

Setzt man nun alle einzelnen Kartenkombinationen in Verbindung, so ergibt sich abschließende Aussage:

Die Fragestellerin erhält bis Ende des Jahres die Nachricht von der im nächsten Jahr stattfindenden Hochzeit eines ihr bekannten Pärchens, zu der sie auch fahren wird.

Im Kartenbild der Fragestellerin wurde die Personenkarte ihres zukünftigen Partners mit einer Karte abgedeckt, um die vorangegangenen Beschreibungen seiner Person wenn möglich noch zu vervollständigen.

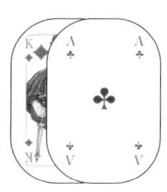

Die Fragestellerin begegnet ihrem zukünftigen Partner über ihren Beruf. Der Beruf des Partners kann durchaus artverwandt sein.

Als Hauptkarte des Berufes ersetzt das Kreuz As hier die Begegnungskarte (Pik 8).

Die Erweiterung dieser Kombination findet sich in der links neben dem Karo König liegenden Zeitkarte sowie dem Anlegen der unteren Randkarte.

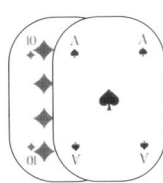

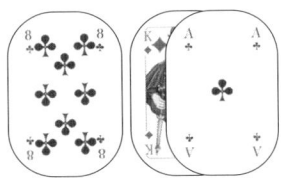

Der zukünftige Partner der Fragestellerin ist in seinem Beruf sehr erfolgreich. Ein ihm in den nächsten vier Monaten bevorstehender beruflicher Neubeginn (innerhalb seiner derzeitigen Tätigkeit) verbessert seine bereits gute finanzielle Lage noch um einiges.

Das Pik As steht hier zum einen für den beruflichen Neubeginn (mit Kreuz As = der Beruf) und zum anderen vervielfacht (vermehrt) es die Karo 10 in ihrer Bedeutung sowie das Kreuz As.

Da das Kreuz As in dieser Kartenkombination keine Verbindung zum Pik Buben (Verlust) hat, bezieht sich der Neubeginn im Beruf nicht auf einen grundlegenden Wechsel der Tätigkeit, sondern ist ein Hinweis auf eine Erweiterung des momentanen Tätigkeitsfeldes.

Eine weitere Karte, die im Legebeispiel zur genaueren Defintion abgedeckt wurde, ist die Kreuz 9. Im Kartenbild steht sie in Verbindung sowohl mit dem Karo König als auch der Pik Dame. Da die Kombination Kreuz 9/Pik Bube nur eine beschränkte Aussagekraft besitzt, wird sie hier gleich in Verbindung mit den ihr anliegenden Karten gedeutet.

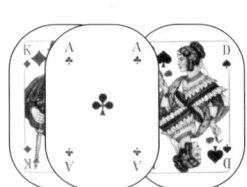

Ihre beruflichen Veränderungen bringen der Fragestellerin viele Neiderinnen. Dieser Neid bezieht sich nicht nur auf den Beruf, sondern auch auf den zukünftigen Partner.

Da der Pik Bube hier in Verbindung mit der Pik Dame (negative Person) liegt, erhält er die Bedeutung von Neid bzw. Missgunst.

Die Kreuz 9 (Veränderung) folgt auf die Kartenkombination Karo König/Kreuz As und stellt so die Verbindung zu den Bereichen Partnerschaft und Beruf her.

Die Pik Dame steht durch die Verdopplung (As) und eine zusätzliche Personenkarte (König) für mehrere Personen. Da der Pik Bube jedoch auf der Seite der Pik Dame anliegt, kommt der größte Teil des Neides von Seiten der Frauen.

Durch das Abdecken der Karo 10 entsteht eine weitere Kartenkombination, die nochmals auf den Bereich der Finanzen eingeht.

Die momentane etwas diffuse finanzielle Situation hält noch kurze Zeit an, wendet sich jedoch durch den beruflichen und privaten Neubeginn sehr zum Positiven für die Fragestellerin.

Die Kombination Karo 10/Pik As steht für den finanziellen Neubeginn. Herz 8 und Karo 8 beschreiben die momentan noch unsichere finanzielle Situation, die sich jedoch durch das Herz 9 sehr (Karo 10) zum Positiven wendet.

Dem Pik As liegt die obere Randkarte in der Kombination von Karo König/Kreuz As an, was den Neubeginn im Beruf und der Partnerschaft als Wendepunkt der finanziellen Lage angibt.

Legebeispiele
Das kleine Legesystem

Legebeispiel:

Fragestellerin: weiblich, ledig

Fragestellung: Wie geht es bei der Fragestellerin beruflich weiter?

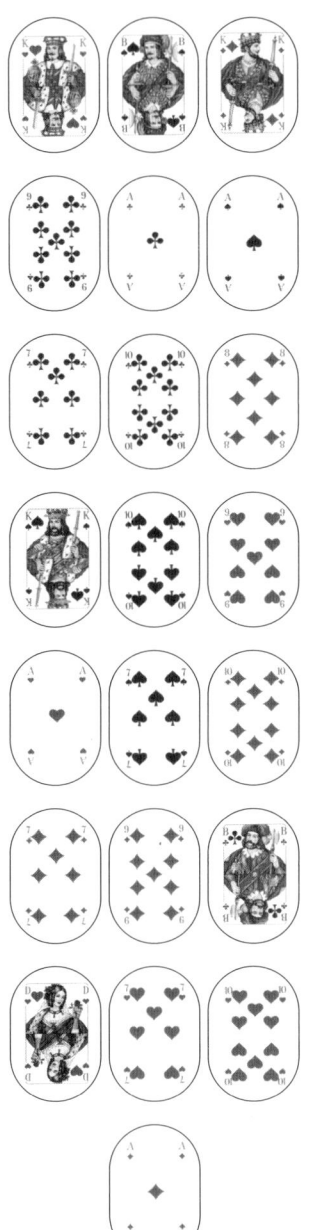

An dieser Stelle beachten Sie bitte die Anschlusskarten der nächsten Spalte oben:
Herz König, Pik Bube usw.

Personenkarte

In diesem Legebeispiel steht für die ledige Fragestellerin die Karo Dame als Personenkarte

Bei der nun folgenden Deutung ist es wichtig, dass die Bedeutungen der einzelnen Karten und Kartenkombinationen stets in Bezug auf die Ausgangsfrage gedeutet werden.

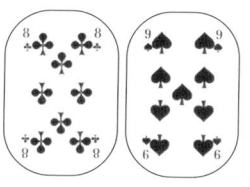

Die Fragestellerin hatte und hat noch größeren Kummer im Beruf.

Diese Kombination steht in Bezug auf die Frage nach der beruflichen Entwicklung der Fragestellerin nicht für Schmerzen (Pik 9) im Bereich der Knochen (Kreuz 8), sondern vielmehr für den beruflichen Kummer (Pik 9), der schon einige Monate andauert (Kreuz 8 vor Pik 9). Die Pik 9 direkt unter der Personenkarte weist darauf hin, dass der berufliche Kummer der Fragestellerin auch im Moment noch andauert.

Die Begegnung mit einem jüngeren Pärchen hilft der Fragestellerin ihren beruflichen Kummer aufzulösen.

Die Fragestellerin macht sich besonders um ihre finanzielle Lage große Sorgen, die sich jedoch zum Guten wendet.

König und Dame werden hier als Paar gedeutet, da beide Kreuz Karten sind. Der Karo Bube, der dem König wie auch der Dame direkt anliegt, weist auf jüngere Menschen, als die Fragestellerin selbst ist, hin. Gleichzeitig steht er auch für das Glück, das sie der Fragestellerin bringen.

Die Pik 8 steht für die Begegnung mit der Fragestellerin. Die Kombination Pik 9/Karo Bube beschreibt den Kummer als Sorge um die finanzielle Lage. Da der Karo Bube nach der Pik 9 liegt, symbolisiert er nicht nur den Bereich der Finanzen, sondern steht auch als Glückskarte für die Wende zum Guten.

Das Einzige, was der Fragestellerin zu ihrem beruflichen Glück noch im Wege steht, ist ihre eigene Unsicherheit.

Die Kombination Karo Bube/Herz Bube/Herz 8 zeigt die äußerst guten Möglichkeiten, die die Fragestellerin beruflich hat.

In Verbindung mit der Pik 8 zeigt sich ihre unsichere (etwas ist vage) Haltung diesen Möglichkeiten gegenüber.

Pik 8/Pik Dame steht hier nicht nur für eine Begegnung mit einer jüngeren (Karo Bube liegt direkt an) Frau, sondern auch für die Begegnung mit Menschen im Allgemeinen. Zusammen mit der Herz 8 wird erkennbar, dass sich die Fragestellerin hierbei unsicher fühlt (Pik 8/Herz 8 bedeutet, etwas ist vage).

Themenkarte

Nachdem man sich nun einen Einblick in die Grundstimmung des beruflichen Umfeldes verschafft hat, beginnt man anhand der Themenkarte, hier ist es das Kreuz As für den Beruf, nach möglichen Veränderungen Ausschau zu halten.

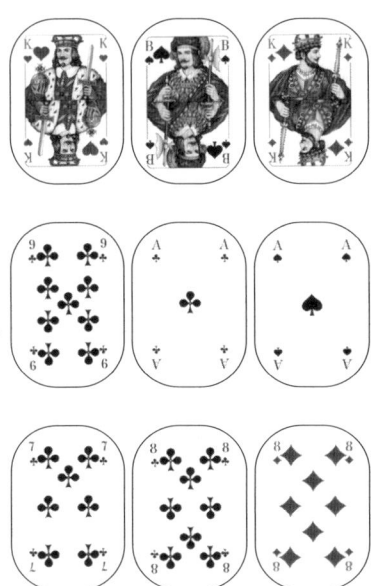

Ab hier werden die Karten nicht mehr nur direkt im Bezug zur Fragestellerin gedeutet, sondern auch in Bezug zu den jeweiligen Personenkarten gesetzt.

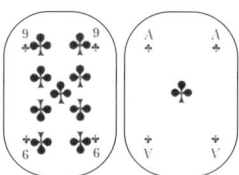

Die Fragestellerin hat mit ihrem Chef große Probleme. Es steht eine Kündigung an, was bei der Fragestellerin langsam zu einer positiven Veränderung führt.

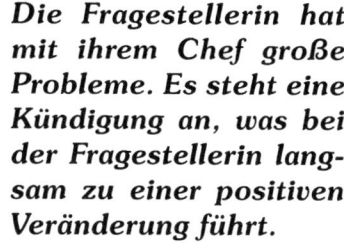

Die berufliche Veränderung bedeutet für die Fragestellerin ein Neubeginn.

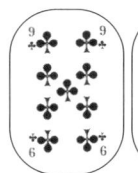 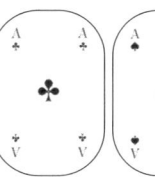

Auch ihr Lebensgefährte hat eine berufliche Veränderung vor sich, die für ihn ebenfalls von Vorteil ist.

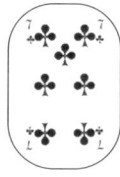

Herz König/Pik Bube spiegeln die großen Probleme der Fragestellerin mit ihrem Chef wieder, deuten aber auch auf private Probleme ihres Chefs hin – eine Scheidung (hohe Herz Karte/Pik Bube).

Die Größe der Probleme bemisst sich an der hohen Wertigkeit des Pik Buben. Dieser steht in der Kombination Pik Bube/Kreuz As auch für den Verlust des Arbeitsplatzes. Dass dieser Verlust für die Fragestellerin jedoch von Vorteil ist, zeigt die direkt anliegende Kreuz 9.

Mit der Reihenfolge Pik Bube/Kreuz As/Kreuz 9 wird klar, dass erst der Verlust des Arbeitsplatzes eine positive Veränderung im Beruf für die Fragestellerin möglich macht. Die Kreuz 7 deutet darauf hin, dass dieser Änderungsprozess nur sehr langsam zustande kommt.

Alles deutet darauf hin, dass beide in Zukunft einen gemeinsamen beruflichen Weg gehen werden.

Der Karo König liegt hier direkt der Berufskarte der Fragestellerin an, weshalb sich die Kombination Pik Bube/Kreuz As/Kreuz 9 (Verlust der momentanen Arbeitsstelle bringt positive Veränderung im Beruf) auch auf ihn bezieht.

Beiden ist auch das Pik As (Neubeginn) gemein, daraus lässt sich schließen, dass der Neubeginn ein gemeinsamer beruflicher Neuanfang sein wird.

Die Erweiterung der Kartenkombination definiert den beruflichen Neuanfang noch genauer:

Es finden bereits Gespräche über den Neubeginn statt. Der berufliche Neubeginn liegt in größerer Entfernung zur momentanen Arbeit, wodurch in der Anfangszeit einige Reisen notwendig sind.

Die berufliche Veränderung bringt für die Fragestellerin auch eine kurzzeitige Trennung von ihrem Partner mit sich.

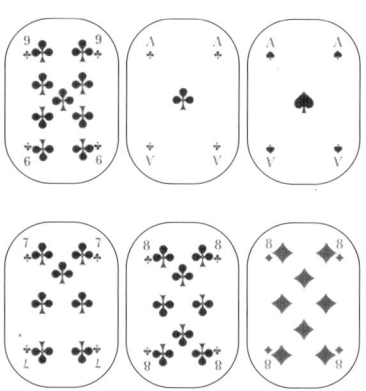

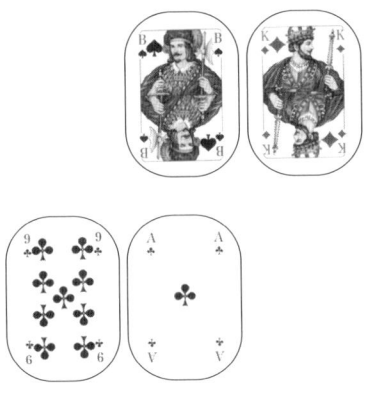

Kreuz As/Pik As/Karo 8 weisen auf die bereits stattfindenden Gespräche (Karo 8, Plural durch Asse) über den Neubeginn hin. Kreuz As/Kreuz 10 stehen für die Entfernung, in der sich die neue Arbeit befindet.

Die Kartenkombination Kreuz 9/Kreuz 7/Kreuz 10 lautet wörtlich: Die verzögerte (langsame) Veränderung macht einige (Verdopplung durch die Asse) Reisen notwendig.

Eine weitere Deutung dieser Kartenkombination wird erkennbar, wenn man die ihr direkt anliegende Kombination Pik Bube/Karo König zu ihr in Bezug setzt.

Der Pik Bube steht hier nicht nur für die berufliche Trennung, sondern auch für die Trennung vom Partner, da er im Legebild direkt vor dem Karo König liegt.

In der gesamten Betrachtung des kleinen Legebildes ergibt sich dadurch folgende Kombination: Karo Dame/Pik Bube/Karo König. Dass diese Trennung jedoch keine endgültige ist, zeigt die Kreuz 9 (Veränderung). Die der Kreuz 9 anliegende Kreuz 7 (Verzögerung) deutet auf eine kurze Trennungszeit hin.

Die Trennung der Fragestellerin von ihrem Partner verlangt durchaus noch nach näheren Erklärungen. So wäre es von Vorteil, die Dauer der Trennung näher zu bestimmen bzw. die Gründe der Trennung näher zu beleuchten. Dies wird mit der Betrachtung der anschließenden Kartenkombination möglich.

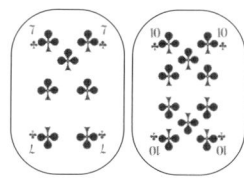

***Die Trennung liegt dar-
in begründet, dass bei-
de ihre Arbeit nicht ganz
zur selben Zeit beginnen
und so kurzzeitig eine
räumliche Trennung ent-
steht.***

Da die Kreuz 7 in der Dia-
gonalen (Kreuz 7/Kreuz As/
Karo König) in erster Linie
zugeordnet ist, weist sie
dem Karo König einen späteren Arbeitsantritt zu als
der Fragestellerin.

Für diese symbolisiert die Kreuz 10 vor der Pik 10
den Beginn bis zum Ende des Jahres, während die
Kombination Kreuz 7/Pik 10 auf eine Verzögerung
bis zum Anfang des nächsten Jahres verweist. Da
alles mit einer größeren Entfernung verbunden ist,
lassen sich hier Rückschlüsse auf eine räumliche
Trennung ziehen.

Entwicklung

Nachdem nun der Bereich der Themenkarte eine
positive berufliche Veränderung für die Fragestellerin ergeben hat, ist es ebenso wichtig, die weitere
Entwicklung dieser Veränderung zu betrachten.

Gleich die erste Kartenkombination scheint jedoch
inhaltlich von der Frage nach der beruflichen Entwicklung abzuweichen. Doch hierbei gilt es zu beachten, dass auch private Ereignisse, wie im nachfolgenden Legebildausschnitt, weitreichende Aus-

wirkungen auf das berufliche Fortkommen haben
können.

Die Familienkarte (Herz As) wird hier, wie im großen Legebeispiel gezeigt, gedeutet. Zur Deutung
herangezogen werden die der Familienkarte direkt
anliegenden Karten.

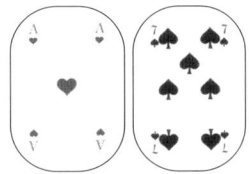

***Die Fragestellerin ist An-
fang des kommenden
Jahres um die Gesund-
heit ihres Vaters sehr be-
sorgt.***

Die Verbindung Pik König/
Herz As zeigt einen schon
älteren Mann aus der Familie der Fragestellerin.

Umliegende Pik Karten deuten auf den nicht allzu
guten Gesundheitszustand des Mannes (des Vaters)
hin. Pik und Herz Karten zeigen Probleme als
Herz/Kreisauf-beschwerden.

Pik König vor der Pik 10 weist auf die Entstehung
dieser Probleme noch in diesem Jahr hin. Pik 7 nach
der Pik 10 lässt erkennen, dass sie der Fragestellerin
erst im kommenden Jahr Anlass zur Sorge geben
werden.

Ein As ist immer ein Hinweis dafür, dass die anliegenden Karten mehrdeutig zu sehen sind. Der Pik
König steht hier demzufolge nicht nur für den Vater,
sondern gibt ebenfalls auch noch Auskunft über
einen weiteren Mann im privaten Umfeld der Fragestellerin.

190

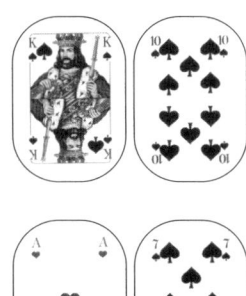

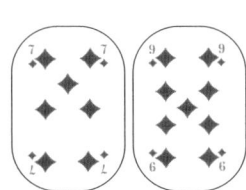

Bis Ende des Jahres begegnet die Fragestellerin einem Mann älter als sie, mit dem sie eine kurze sexuelle Affäre haben wird.

Der Pik König beschreibt sich durch die Pik 10 und die Pik 7 als dunkler Typ, der bis zu acht Jahre älter ist als die Fragestellerin (55 bis 60 Jahre alt).

In der Verbindung mit dem Herz As zeigt sich zum einen die Begegnung mit der Fragestellerin und zum anderen ordnet sich der Pik König dadurch in den Lebensbereich Liebe/Partnerschaft ein.

Da die Kombination Pik König/Herz As vor der Pik 10 liegt, ordnet sich die Begegnung in den Zeitraum bis Ende des Jahres ein.

Pik 7/Karo 7 verweisen auf den rein sexuellen Charakter der Begegnung. Da sie jedoch direkt an dem Herz As anliegen, bedeutet das für den Pik König, dass es für ihn dabei schon auch um Liebe geht. Bei der Fragestellerin selbst handelt es sich eher um den Versuch, den vorhandenen Liebeskummer (getrennt sein vom Partner) aufzulösen. Dafür spricht die Karo 7 (Veränderung zum Guten) nach den Pik Karten (Kummer) und dem Herz As (Liebe).

Die Karo 9 (Schnelligkeit) erweitert die Aussage um den zeitlichen Rahmen: eine Begegnung, die überraschend kommt und nur kurze Zeit andauert. Die Kombination Herz As/Karo 7 steht hier auch für den Umzug der Fragestellerin, der ihr mit der Pik 7 ein klein wenig Kummer bereitet, weil er recht überraschend (Karo 9) kommt.

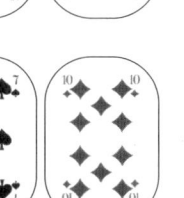

Die Fragestellerin macht sich Sorgen um ihre finanzielle Situation, die sich jedoch schon am Anfang des kommenden Jahres verbessern wird.

Die Pik 7 unter der Pik 10 steht für die momentanen Sorgen, die sich die Fragestellerin macht.

Die Herz 9 rechts neben der Pik 10 steht für sorglose Zeit im kommenden Jahr.

Die Karo 10 (Finanzkarte) rechts von der Pik 10 steht für den guten Verdienst im kommenden Jahr.

Die Erweiterung der Kartenkombination gibt nun näheren Aufschluss über die Art und Weise, wie die Fragestellerin ihre finanzielle Lage verbessern kann und in welchem zeitlichen Rahmen das geschieht.

Die finanziellen Sorgen der Fragestellerin verschwinden sehr schnell. Sie wird bald sehr gut Geld mit ihrem Laden verdienen.

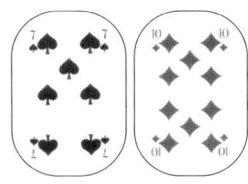

Eine besondere Rolle kommt in dieser Kartenkombination der Karo 9 zu, denn sie steht hier für drei verschiedene Aussagen:

Zeitliche Aussage in der Kombination: **Pik 10/Pik 7/Karo 9**
• der kleine Kummer am Anfang des kommenden Jahres dauert nur kurz an

Finanzielle Aussage in der Kombination:
Karo 10/Karo 9
• schnelles Geldverdienen beziehungsweise Geldzuwachs in Kürze

Berufliche Aussage in der Kombination:
Karo 9/Kreuz Bube
• schnelle Öffentlichkeit oder baldige Geschäftseröffnung

Der Kreuz Bube steht nicht nur für Geschäfte, sondern auch für Nachrichten. Für welche Nachrichten er im Falle der Fragestellerin steht, zeigt der letzte Ausschnitt aus dem Legebild:

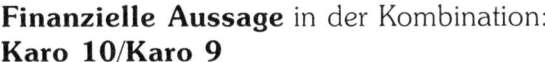

Die Fragestellerin erhält überraschend eine Nachricht von einer Hochzeit. Auch ihre eigene Hochzeit steht im kommenden Jahr bevor.

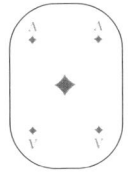

In der Kombination Karo 9/Kreuz Bube steht der Kreuz Bube für die Nachricht, die die Fragestellerin erhält.

Durch die Erweiterung mit der Herz 10 lässt sich der Inhalt der Nachricht, eine Hochzeit, erkennen.

Die anliegende Kombination Herz Dame/ Herz 7 deutet auf die Hochzeit einer guten Bekannten oder einer Freundin (Herz Karten) der Fragestellerin zu. Den Hinweis, dass es in dieser Kartenkombination auch um die Hochzeit der Fragestellerin geht, gibt das zum Schluss liegende Karo As. Dieses verdoppelt die gesamte Aussage.

So erhält auch die Herz Dame eine weitere Bedeutung in der Kombination Herz Dame/Herz 7/ Herz 10/Karo As. Die Freude (Herz Karten) der Mutter der Fragestellerin über die Nachricht von der Hochzeit ihrer Tochter.

Hinweis: Vater (Pik König) und Mutter (Herz Dame) der Fragestellerin, werden hier durch zwei verschiedene Kartenfarben dargestellt, da sie nicht mehr verheiratet sind.

Übungstafeln

Das große Legesystem

Fragesteller/in

Frage

Das große Legesystem

Fragesteller/in

Frage

Das große Legesystem

Fragesteller/in

Frage

Das kleine Legesystem

Fragesteller/in

Frage

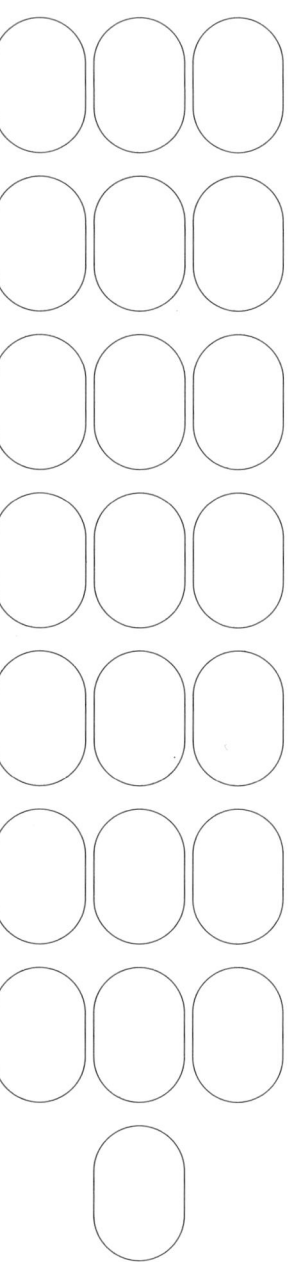

Das kleine Legesystem

Fragesteller/in

Frage

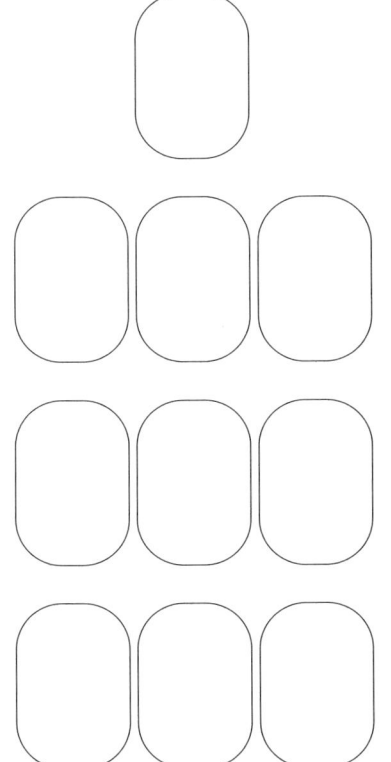

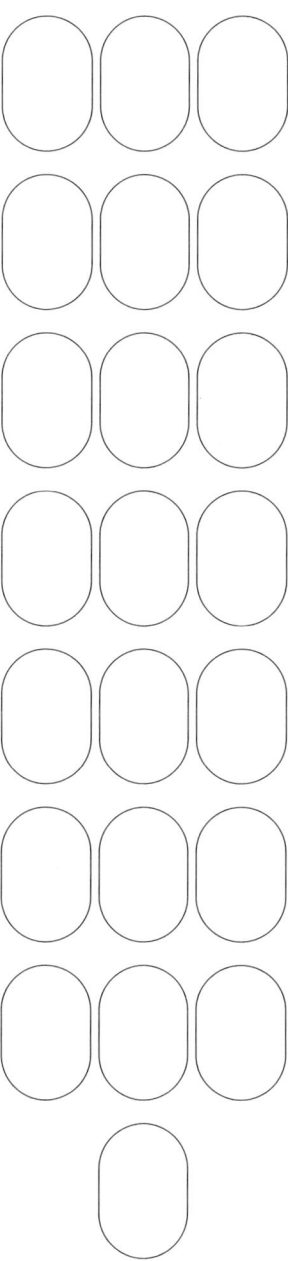

Das kleine Legesystem

Fragesteller/in

Frage

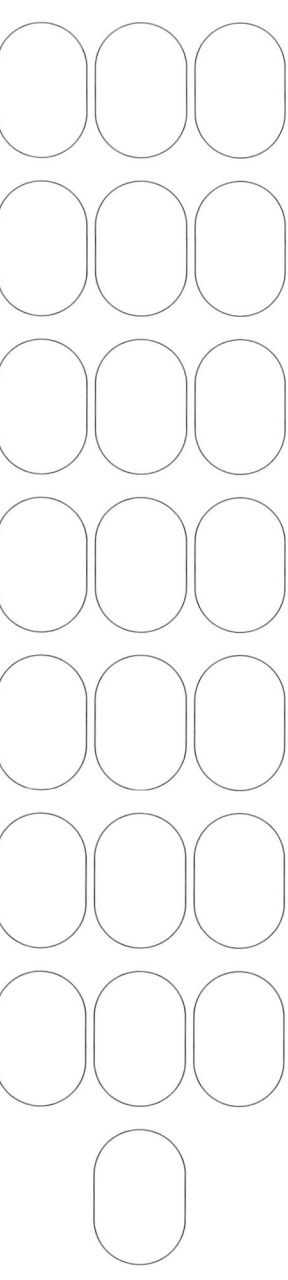

Gesundheit

Fragesteller/in

Frage

Gesundheit

Fragesteller/in

Frage

Gesundheit

Fragesteller/in

Frage

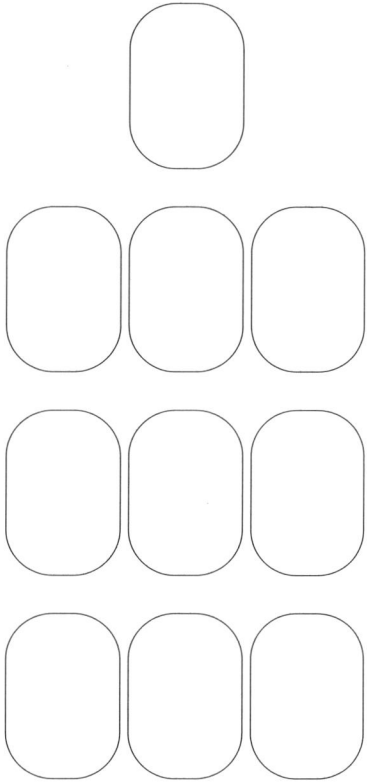

Verzeichnis: CORONA Verlag Hamburg

Kartenlegen:
Tarot und Lenormand

Dietlind Herlert-Schaaf
Mystisches Kartenlegen
nach Mlle Lenormand
204 Seiten, geb., mit Farbabb.
ISBN 3-934438-00-8

Camilla Haymack
Spirituelles Kartenlegen
nach Mlle Lenormand
204 Seiten, geb., mit Farbabb.
ISBN 3-934438-04-0

Elke Dumke
Mlle Lenormand auf den
Punkt gebracht
Eine praktische Einführung
mit 36 Kartenabbildungen,
134 Seiten, kartoniert
ISBN 3-928084-81-X

Halina Kamm
Tarot für den Alltag
110 Seiten, kartoniert
ISBN 3-928084-03-8

Partnerschaft und
Liebestarot im Alltag
216 Seiten, kart., (Rider Waite)
78 Abb. Tarotdecks
ISBN 3-928084-18-6

Lebenshilfe
und Ratgeber

Halina Kamm
Buch: Geführte Meditationen
Einzel- und Gruppenmeditationen
für Heilung, Freude, Loslassen,
Rückführung und vieles Andere
162 Seiten, kartoniert
ISBN 3-928084-23-2

Roman und Sachbuch
Halina Kamm
Nicht ohne meine Seele
Eine dramatische Liebesgeschichte
führt durch Höhen und Tiefen und
weist durch Erkenntnisse mit dem
Seelenpartner den Weg nach Hause.
272 Seiten, gebunden
ISBN 3-934438-08-3

Eva-Maria Ammon
Du bist der Weg – Die Sehn-
sucht deiner Seele
Mit geführten Meditationen und
Übungen, 188 Seiten, kart.,
ISBN 3-928084-16-X

Eduard Krausz
Das Universum funktioniert
anders
248 Seiten, kartoniert
ISBN 3-928084-79-8

Lebenshilfe – Sachbücher
und Ratgeber

Kamm/Hilgers-Weber
Komm mit uns ins Engel-
paradies
Die Engel erzählen in irdischen
Geschichten ihre Botschaft den
Menschen
96 Seiten, mit 12 farbigen Engel-
bildern
ISBN 3-928084-71-2

Engelbert J. Winkler
Das Abendländische Toten-
buch – der Tag an dem Elias
starb
Kindervorleseteil 4-farbig bebildert,
212 Seiten, kartoniert
ISBN 3-928084-22-4

Engelbert J. Winkler
Leben, Sinn und Wirklichkeiten
Aus dem Alltag eines Therapeuten
212 Seiten, kartoniert
ISBN 3-928084-80-1

Ingrid Garbe
Eine Reise in die Ewigkeit
Warum wir unsterblich sind
228 Seiten, kartoniert
ISBN 3-928084-88-7

Geführte Meditationen auf CD
Diese Meditationen sind besprochen und mit Musik unterlegte CDs

CD 201, ISBN 3-928084-48-8
Partnerschaft – Berufung
Blockadenerkennung in Partnerschaft, Beruf und Gesundheit. Klärung der Emotionen. Verbindung und Festigung zur Realität.

CD 202,
ISBN 3-928084-49-6, 1. Titel:
Ich bin Licht und Energie
Als Entspannungsgrundlage und gleichzeitiges Trainingsprogramm zur Vertiefung und Festigung einer inspirierenden, kraftvollen Energie fürs tägliche Leben.

2. Titel:
Der Baum – Dein Freund
Eine besonders gute Übung, um nach einem hektischen Tag abzuschalten. Sie fördert über die Bilder die direkte Kommunikation und Verbundenheit mit der Natur.

CD 203, ISBN 3-928084-50-X
1. Titel: **Spiegel des Bewusstsein**
Für Fragen geeignet, wie: Mache ich alles richtig, sind meine Entscheidungen dem Wohl aller Beteiligten gerecht usw., so dient diese Meditation Ihrer Bewusstseinserweiterung und Erkenntnis.

2. Titel: **Weg der Wahrheit**
Klarheit in den Gedanken zu erhalten und Entscheidungen richtig einzuschätzen. Stärkung und Harmonisierung des Körpers.

CD 204, ISBN 3-928084-51-8
1. Titel: **Kristallpyramide**
Erlernen, verstehen und aktivieren der Kristalle in spielerischem Rahmen. Besonders geeignet zum Regenerieren aller nervlichen Anspannungen im Körper.

2. Titel: **Dimensionsreise**
Konfliktbereinigung mit nahestehenden Personen. Diese Lichtreise in Begleitung geistiger Helfer bereinigt und löst Emotionen.

CD 205, ISBN -3-928084-52-6
1. Titel: **Lichtreise**
Als Tranformationsprozess des Körpers bzw. der Aura. Klärung und Reinigung durch Lichtenergie. Lösungen für besondere Fragen zum Wohle aller Beteiligten.

2. Titel: **Rückführung**
Klärung des Emotionalkörpers. Sie erhalten Antworten auf ungewisse Verhältnisse.

CD 206, ISBN 3-928084-53-4
1 Titel: **Die Kraft des Vulkans**
Stärkung der Intuition. Durch die Lösung der Blockaden werden die Grunddynamiken wie Harmonie, Freude, Kraft, Stärke usw. gefestigt.

2. Titel: **Phönix aus der Asche**
Besonders für Menschen geeignet, die gerade schwere und traurige Zeiten erleben. Entdecken Sie Ihr eigenes, unbeschwertes, inneres Kind.

CD 207, ISBN 3-928084-54-2
1. Titel: **Schutzengel**
Kennenlernen seines Schutzengels in der für Sie akzeptabelsten Gestalt u. Erkennen seiner Energie im täglichen Leben. Zum sanften Einschlafen geeignet.

2. Titel: **Freiheit und Frieden**
(Basisprogramm). Entspannungs- und Trainingsprogramm zur Vertiefung und Festigung einer positven, kraftvollen Energie, die im täglichen Leben inspirierend und aufbauend wirkt.

Für weitere Titel fordern Sie bitte unser Musikprogramm an!

Der Autorin ist es bewusst, dass dieses Buch nicht alle auftretenden Fragen beantworten kann. Sollte Interesse an Seminaren (Anfänger, Fortgeschrittene, Wiederholung) bestehen, bitten wir Sie, sich mit dem Verlag in Verbindung zu setzen:

Erhältlich im Buch und Fachhandel

Fordern Sie bitte unser Gesamtverzeichnis an!

CORONA
Postfach 76 02 65 • 22052 Hamburg
Tel.: 040 - 642 41 44
Fax: 040 - 642 210 23
Email: Corona-Hamburg@t-online.de